安いニッポン
「価格」が示す停滞

中藤 玲

日経プレミアシリーズ

はじめに　日本の「安さ」を直視する

「え、これ100円じゃないの？」

2019年、旅先の韓国ソウル。

お土産用にステンレスの韓国食器を大量に買おうと市内のダイソーを訪れたところ、ずらりと並ぶ商品に伸ばした手が止まってしまった。

「いいな」と思う箸やお椀の多くが、3000ウォン（約280円）や5000ウォン（約470円）だったのだ。

日本なら100円で買えそうなのに、ちょっと高い。

そうして買うのをやめた時に、はたと気付いた。

「もしかして、日本の価格が突出して安くなっているのではないか？」

そんな疑問が湧くと、次々と思い出す出来事があった。

タイ・バンコクのショッピングモールで飲んだカフェラテは約700円。洋服だって、期待していたよりも高かった。インド・バンガロールの小ぎれいなホテルは約3万円。日本のような値ごろで清潔なビジネスホテルがなく、「快適さ」という価値を求めるにはそれなりの対価を支払う必要があった。

「東京は土地も何でも世界一高い」と言われたのも、今や昔。

あらためて日本の安さを見つめた時、かつてインバウンド（訪日外国人）で染まる家電量販店の幹部がつぶやいた言葉が頭をよぎった。

「彼らは日本が素晴らしいから何度も来ているんじゃない。

お買い得だから来ているんだ」


こうした問題意識から日本経済新聞は2019年12月、「安いニッポン」というカットで3回連載をし、筆者も記者として参画した。初回は「価格が映す日本の停滞　ディズニーやダイソー、世界最安値」という記事で、ディズニーランドやダイソー、ホテルなど様々な価格が世界と比べて安く、賃金も上がらず、世界の成長についていけない日本の停滞がにじんでいる——という内容だ。「暴騰ニセコ、それでも世界31位　外需頼みの成長にもろさ」、「『年収1400万円は低所得』　人材流出、高まるリスク」と続けた。

テレビやSNSでの反響は大きかった。

「日本のデフレ、まさかここまでとは」

「やっぱりそうか。海外出張から帰ると、いつも日本の安さに感動する」

普段生活する中で、誰もがうすうす勘づいていた疑問だったのだ。


一方で、「ずっと日本で生きていくなら、給料が低くても物価が安ければ暮らしやすい。それの何が悪いのか」という意見も少なからずあった。

デフレーション（デフレ）は物価の持続的な下落を指す。日本は物価がほとんど上がらず、デフレに似た経済状況が長く続いている。これはインフレよりたちが悪い。縮小均衡が続けば、成長を続ける世界から日本は置き去りになり、日本は人材やモノを買い負ける。皆が300円の牛丼に収束していると、いつの日か牛丼も食べられなくなってしまう。

「安さ」は生活者から見ると「生活しやすい」が、供給者の観点では収益が上がらない。すると賃金は据え置かれ、消費が動かず需要が増えない悪循環に陥いる。いったん下げた価格は再び上げられないため、企業はなるべく値下げせずに最低限まで生産コストを下げたくなる。

果たしてこれで、世界の秩序をガラリと変えるようなイノベーションが生まれるだろうか。個々の企業にとっては最適解でも、「安さ」はまさしく、日本の停滞と結びついているのだ。

そうしたことを考えれば、賃金と物価がパラレルに上がっていく国の方が、成長や発展性がある。その方が、人生プランに多様性も生まれるのではないだろうか。

今の日本は、「我慢して貯める」か「じり貧で使う」しかなくなってしまっている。「失われた30年」とまで言われるほど日本が立ち止まっていた間に、世界はどんどん成長し、日本のポジションも大きく変わってしまったのだ。

ソウルで見たダイソーの価格は、まさに日本の安さの不思議と時代の鼓動を示していた。

本書は日本経済新聞や日経電子版に掲載した「安いニッポン」などの記事をベースに、当時書き切れなかったことや新しい取材で得た話、読者の疑問点への回答などを盛り込んで書き下ろした。数多くの現場に行き、歩きながら考えた。なお登場する人物の肩書きなどは原則、取材時のままとする。

新型コロナウイルスの感染拡大で人々が外出自粛を迫られ、経済活動も大きく制限される中、「安いニッポン」はどうなっていくのか。世界と日本のギャップを認識した今、日本は、企業は、個人はいったい何をすべきなのか。「安さ」に翻弄される人や産業の姿を通じ、明日を生きる手がかりを得ていただければ幸いである。

2021年2月

中藤　玲

目次

第2章

年収1400万円は「低所得」？ 79

人材の安い国

第3章 「買われる」ニッポン 151

外資マネー流入の先に

第4章 安いニッポンの未来 195
コロナ後の世界はどうなるか

第1章

ディズニーもダイソーも世界最安値水準

物価の安い国

かつては「回るすし」と言われた回転ずし。
今や、従来のすし店のほうが
「回らないすし」と呼ばれるようになった。

1 世界で最も安い「夢の国」

「入場料だけでこんなにするの」

2018年7月、新婚旅行で訪れたアメリカ・カリフォルニア州で幸せの絶頂にいた会社員の竜沢暁宗さん（26）は、気持ちが一気に現実に戻った。

驚いたのは、旅行会社経由で買ったディズニーランド・リゾートの入場料だ。1人約1万6千円で、日本の2倍以上（当時）する。食事をし、お土産などを買っているとどんどんお金が飛んでいく。「日本も高いと思っていたけど、それ以上だ」

結局、1週間の滞在費は2人で80万円以上かかった。竜沢さんは嘆く。

「ホテルで飲む朝食のコーヒーも日本の約2倍。一度きりの新婚旅行だからと自分に言い聞かせたけど……」

片や、千葉県浦安市のJR舞浜駅。

新型コロナウイルスが日本で感染拡大する前の2020年1月に訪れると、色とりどりの風船や大きな袋を持った大勢の家族連れが行き交っていた。「夢の国」である東京ディズニーリゾート（TDR）を背に、みな幸せそうな表情を浮かべている。夕暮れ時の舞浜駅前ではおなじみの光景だ。

タイから来たという20歳代の女性3人組にTDRを選んだ理由を聞くと、「中国に行くより安いし、それでいて日本はキャストのクオリティーも高いし大満足」と話してくれた。「近くのホテルを予約しても1人合計約2万円かからなかった。日本はいつもコスパ（コストパフォーマンス）がいい」と笑顔で去って行った。

このギャップの理由を解き明かそうと、世界のディズニーランドの大人1日券（当日券、1パークのみ）の円換算価格を調べた。

新型コロナウイルスの影響による各パークの運営状況を考慮して、同じ日で比べられる2021年2月中旬の予約価格で比較した（為替は1月下旬時点。カリフォルニア州は無期限閉園中のため2019年、パリは再開予定の21年4月の価格とする）。

図表1-1　日本の価格は突出して安くなっている

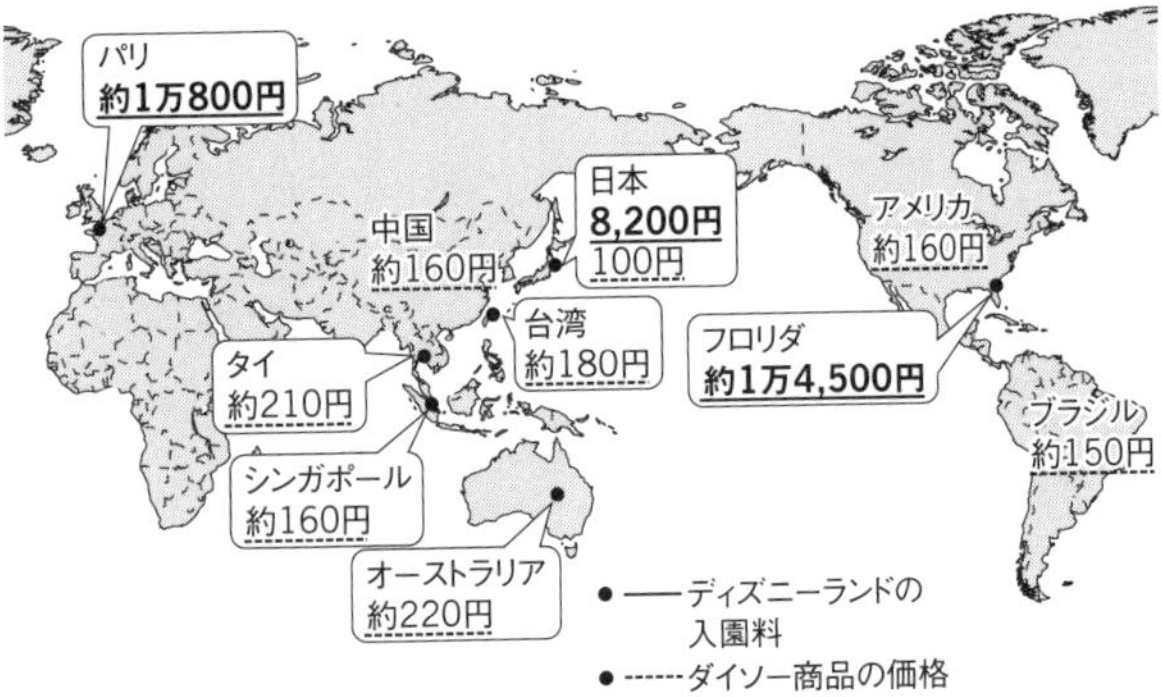

（注）ディズニーランドは2021年2月中旬の1日1パークあたりの大人価格。パリは再開予定の2021年4月の料金。ダイソーは主な商品の税抜き価格。全て2021年1月下旬時点の円換算

すると日本の8200円に対して、アメリカ・フロリダ州は約8割高い約1万4500円（約140ドル）で、カリフォルニア州やパリ、上海も1万円を超えた。ディズニーランドがある世界6都市で、日本は最も安かった。敷地の広さなど規模はそれぞれ違うが、「日本より狭い」と言われる香港でも約8500円（639香港ドル）だ。この傾向は、新型コロナウイルスの感染拡大前から同じである。むしろ日本は2020年3月までは7500円だったため、アメリカの約半額程度だったのだ。

フロリダや上海、パリは需要に応じて価格を柔軟に変える「ダイナミック・プライ

シング（価格変動制）」を取り入れており、日によって約3000円や約5000円の振れ幅がある。フロリダは最も安い日でも約1万2千円だが、上海では約6400円という日も数日だけあった。後述するが、日本も2021年3月からダイナミック・プライシングを導入するが、平日と週末の差額は500円しかない。

日本のディズニーランドは世界で最も安い水準だという現実。

ということは、日本人はさぞやお得感を享受していることだろう――。

だが、舞浜駅前で、東京ディズニーランド（TDL）帰りの日本人家族に聞いた感想は少し異なっていた。

妻と幼い2人の娘を連れた日本人男性（46）は、「入園料だけでも高いのに、交通費を合わせると1人で1万円以上かかる。食事も飲み物も高いから、家から水筒を持ってきた」と話す。この日は娘の誕生日で、奮発したという。「しかも、年々高くなっている気がするし。めったに来られたものじゃない」と苦笑する。

第一生命経済研究所の永濱利廣・首席エコノミストは「日本人の所得や生活水準からすると、世界で最も安いディズニーランド料金ですら割高にうつる」と指摘する。

6年で2000円値上げも、世界水準には届かず

家族連れの男性の言葉通り、TDRは近年、値上げを続けている。

2014年3月までは6200円だったが、消費増税があった4月に6400円（200円増）に設定した。15年は6900円（500円増）、16年は7400円（500円増）、19年は7500円（100円増）、そして20年4月には過去最大の700円を上げ、8200円となった。6年間で合計2000円を値上げしているにもかかわらず、世界で最安値水準という状況なのだ。

TDRは世界でも珍しく、アメリカのウォルト・ディズニー社が直営していないパークとなる。ライセンス契約に基づいてTDRを運営しているオリエンタルランドに価格の安さについて聞いてみたところ、「入場客に定期的に価格感度調査を行っており、パークの価値に合わせた適正価格にしている」という回答だった。

安さは集客につながる。開業35周年を迎えた2018年度（18年4月～19年3月）の入園者は、過去最高の3255万8千人だった。だが「安いけど混みすぎていて、乗り物にはほとんど乗れない。だから結果的に高く感じる」（29歳中国人女性）という皮肉も聞こえる。

そこで同社は総額2500億円を投じ、拡張工事などを続けている。

そんなTDRにも、新型コロナウイルスが直撃した。

感染拡大を防ぐために2020年2月末から一時休園し、19年度（19年4月～20年3月）の入園者数は2900万8千人で、前年度より1割減った。再開後も入場制限を続け、20年度の入園者数は過去最低の水準である950万人を見込む。20年度の連結最終損益は511億円の赤字（前期は622億円の黒字）になりそうだと発表した。通期が最終赤字となるのは、1996年の上場以来初めてだ。

そして苦境にあえぐなか、需要に応じて価格を柔軟に変える「ダイナミック・プライシング（価格変動制）」をついに導入することを決めた。2021年3月20日入園分から、土日祝日や春休みなどの繁忙期に限り、500円高い8700円に値上げする。当面は500円だが、ノウハウを蓄積した後はきめ細かい価格の幅を設けて運用する方針だ。混雑が見込まれる時期や曜日に価格を引き上げる手法は、アメリカなどのパークで既に運用されてきた。

TDRは収益構造を変えない限り、黒字化には6割ほどの入園者数が必要だという試算もある。TDRの1人あたりの売上高は、最も高い2018年度で1万1815円（チケット収入5352円、商品販売4122円、飲食販売2341円）だった。新型コロナウイルスの影響で入園者数を増やせないなか、値上げ効果で客単価を高めたい狙いもありそうだ。

だが、TDRの客単価が上場後初めて1万1千円を超えたのは、景気回復に転じたとされる2013年度のこと。今は「新型コロナウイルスで会社の業績が悪化し、ボーナスも減った。感染拡大が落ち着いて家族でTDRに行きたくても、値上げで行きにくく感じる」（40歳代女性）という声も漏れる。

8700円でもアメリカの7割にも届かない。それでも、消費者心理は厳しいままだ。

2 「100均」なのは日本だけ

価格を巡る世界との常識のねじれは、あらゆるモノやサービスに広がっている。

約7万6000種類もの商品をそろえ、その9割が税抜き100円で売られているダイソー。2021年1月に東京・亀有の店舗を訪れた。848坪（約3000平方《メートル》）に約5

万アイテムが並び、全てをじっくり見ると1日はかかりそうだ。「アウトドアコーナー」「加湿器コーナー」など大型量販店のような専門売り場があるが、ほとんどの商品が100円。若い母親からお年寄りまで、どのレジにも30人以上が並んでいた。

新型コロナウイルスの感染拡大前は、ダイソーはインバウンド（訪日外国人）の人気スポットでもあった。2019年にマレーシアから原宿店（東京・渋谷）を訪れた女性は、キャラクター型のスポンジや、プラスチックのケースなどをカゴ一杯に詰め込んで笑う。

「こんなに安くていいのかしら」と。

「これも100円?」と喜ぶ声が聞こえてきた
（都内ダイソー亀有リリオ店）

まさに「安いニッポンの象徴」とも言えるダイソー。運営している大創産業（広島県東広島市）は、非上場ながら海外26カ国・地域に2248店を出店しているグローバル企業である（※注　海外店舗数は2020年12月時点で合弁や代理店含む。海外価格は20年2月時点）。

2001年に台湾で最初の海外店舗を開いて以降、韓国は1365店、タイには120店、中東のアラブ首長国連邦（UAE）にも44店を構える。その価格はどうだろうか。

同社によると、海外は日本の「100円均一」のような単一価格ではなく、商品によって3段階ほどのマルチプライスにしているという。

例えば台湾なら、基本価格は49台湾ドルのため「180円ショップ」となるが、それより高い数種類がある。

各地域の基本価格を、21年1月下旬の為替レートで見てみると、

アメリカは1・5ドル（約160円）、ニュージーランドは3・5ニュージーランドドル（約270円）。

タイは60バーツ（約210円）、フィリピンは88ペソ（約190円）、マカオは15パタカ（約200円）、イスラエルは10シェケル（約320円）……。

そのほかほとんどの国や地域で、100円で売られている場所はなく、ディズニーランド

と同じく「日本が最安値水準」という構図だった。

タイで210円、それでも中間層に人気

その理由について、大創産業の幹部に話を聞いた。

すると「海外と日本の価格差は、大きく3つの理由がある。①物流費、②人件費や賃料などの現地経費、③関税や検査費」だという。

例えばブラジルの現地価格との差額はほとんどが関税などの税金だ。だが、「アジアなどの新興国は②の人件費や賃料が爆上がりしている」（幹部）。

アジア諸国では都市部のショッピングモールに出店することが多く、「例えばバンコクは賃料と人件費がものすごく高い」。台湾は関税が低いにもかかわらず約180円に設定しているのも、「（日本より高い）約80円分はほとんど人件費が占める」（幹部）という。

「日本企業のダイソーは商品も日本産だから、日本は物流費がかからずに一番安いのではないか」という疑問も浮かんだ。だが中国から調達する商品もあるにもかかわらず、中国（約160円）より日本は安いのだ。

現在ではグローバルの物流コストを見直そうと、マレーシアに大規模物流拠点を建設するなど進めている。だが「物流費が浮いた分、海外商品は値下げされるのか」と聞くと「現地は人件費が向上しているので大幅な値下げはできないだろう」（関係者）という答えだった。

実際に台湾などでは、値下げどころか、値上げをしている。

台湾では2009年から39台湾ドルで販売していたが、それから10年間で人件費や物価、原材料費が大幅に上がった。そのため19年8月には49台湾ドルに改めた。

なぜ海外では100円より高くても、売れるのか。

ダイソー幹部は「海外では製品に『JAPAN』のロゴを付け、日本の会社＝高品質というブランド力で販売力を高めている」と説明する。

だが、それ以上に大きな理由として「いま進出している国や地域の全てで人件費、賃料、物価、そして所得が向上している。20年前ならいくら高品質でも『新興国で200円前後』なんて売れなかったが、今は現地の購買力が上がったため成り立っている」とつけ加えた。

また、同様のビジネスモデルが海外には少ないことも理由の一つだ。

アメリカには「1ドルショップ」「99セントトショップ」などがあるが、「品ぞろえが少なく、品質もダイソーよりはるかに悪い」（ニューヨーク在住の日本人主婦）。

ダイソーの品質や品ぞろえには、社員ですら「本当にこれが100円で売られているのか、と驚くこともある」と打ち明ける。品質に見合う価格へと、日本でもそろそろ値上げすべき時期ではないだろうか。だが、ある関係者は「2017年に値上げして既存店売上高が減った鳥貴族を見ると、『とても値上げできない』と上層部は考えている」と語る。

ダイソーが商品価格を100円に統一したのは1977年のこと。

モノやサービスの価格に詳しい東京大学経済学部長の渡辺努教授はこう語る。

「40年以上もずっと100円であることは異常事態だ」

3 回転ずしも日本が最安

日本で「100円」の代名詞といえばもう一つ、回転ずしがある。

最近、またその「安さ」が注目される出来事があった。

2020年10月、政府による外食の需要喚起策「Go To イート」が始まった頃だ。新型コロナウイルスの感染防止に伴う外出自粛によって需要が落ち込んだ飲食店を支援するための国策で、指定された予約サイトを通じて飲食店を予約すれば、午後3時以降の夕食は1人あたり1000円相当のポイントがもらえるという仕組みである。

お得なのは対象飲食店全てに共通するが、特にネットなどで話題になったのが、「無限くら寿司」という言葉だった。

予約サイトの「EPARK」を利用して回転ずしチェーン大手の「無添くら寿司」を予約すると、例えば夜に2人で2000円の食事をとれば、2人で2000円分のポイントが付与される。この2000ポイントで次回予約をして2000円分を食べると、また2000円分のポイントが付く。まさに無限ループのように最低限の実費負担で繰り返し食事をとれることから、店名の「無添くら寿司」とかけて「無限くら寿司」と呼ばれた。

四国に住む60歳代の女性は「最初の負担額以外はほとんどタダ。とにかく安くておいしいので期間中は毎週行っていた」と話す。都内ではすぐに予約が埋まり、2020年10月の全国既存店売上高は前年同月比26%も増えた。

「#無限くら寿司」背景に客単価

「無限くら寿司」は同社が言い出したのではなく、利用者の間で生まれてバズった（広まった）言葉だ。他の多くの飲食店と異なりそうなったことには、３つの要因がある。

１つは、予約システムにおいて長年ＥＰＡＲＫと組んでいたため、Ｇｏ Ｔｏ イート開始時にも混乱を起こさずにすんだこと。２つめは、他の予約サイトと違って、ポイントが早ければ2時間後という短時間で付与されるので、頻繁に繰り返し行くことができた点だ。

そして3つめは何より、くら寿司の安さだ。Ｇｏ Ｔｏ イートの1人1０００ポイントという還元額が、「1人1０００円のくら寿司の客単価とマッチした」（くら寿司の田中邦彦社長）。つまり2回目以降は多くの追加料金なく楽しめる。もちろんそれは国のＧｏ Ｔｏ事業費によるものだが、そもそも夜の客単価が1０００円の安さという土台があったからこそ、「無限くら寿司」は盛り上がったのだ。

回転ずしは「1皿1００円」を打ち出しているチェーンが多く、それに対して高級なすし店が「回らないすし」と称される。くら寿司では、軍艦巻きなども入れると約1００種類のすしメニューがあり、その80％強が今もなお税抜き100円で提供されている。

100円での提供を実現できている裏には、徹底したコストカットがある。人件費を抑えるために、多くの回転ずしチェーンが、シャリを自動で握るすしロボットや、客に注文を任せるタッチパネルを取り入れている。さらにくら寿司では、客席に皿を回収する投入口があり、皿の数が自動でカウントされる。

また、どんどんすしを流していく回転ずしは、客が皿を取らないすしの廃棄の多さが悩みの種だ。くら寿司は独自の手法で廃棄率を減らした。客の平均滞在時間は約40分だが、最もよく食べるのは最初の10分間。来店した大人や子どもの人数、過去の販売データを参考に、食べる量や種類、勢いを数値化して、最も効率的なレーンの動かし方を把握した。そうして流すべきすしの量や種類、順番を変えたことで、廃棄率を業界でもトップクラスに少ない3～4％で抑えている。

調達にも工夫を凝らす。

2015年からは定置網の「一船買い」を開始。船で釣れたどんな魚でも全量を買い上げる仕組みで、獲れた魚は独自の輸送ルートにより、国産天然魚加工センターで加工。すしネタにならない、例えば小さなハマチなども加工したり養殖に使ったりする。こういった取り組みで、安定した国産天然魚の仕入れや加工が可能になり、国産天然魚メニューも安価に提供できている。全国１１０の漁港とも直接取引しており、安価に仕入れることもできるのだ。

くら寿司の田中社長は断言する。

「人間誰もが安さを求める。そして製造者は、良いものを作ったら一人でも多くの人に食べてほしいから安くする」

そんな回転ずしは今や、世界でも認められている。

アメリカの金融機関で働くジョンさん（33）は月に一度、仕事でロサンゼルスに行くたびに、くら寿司のアメリカ店舗「ＫＵＬＡ」を訪れる。アメリカ風巻きずし「カリフォルニアロール」だけでなく日本風のすしもあるところが好きだ。

「一皿ごとに透明な蓋が付いていて衛生的だし、目の前にぴゅっと到着する様子（オーダー専用レーン）はまさにエンターテインメント。テックと食の融合がおもしろい」と魅力を語る。

くら寿司は２００９年にアメリカ・カリフォルニア州のアーバインに海外初進出し、次にテキサス州にも出店。健康志向を追い風に、ステーキなど肉料理が名物のテキサスでの成功をひっさげ、20年9月には初の東海岸・ニュージャージー州にも出店した。ハドソン川を渡るとすぐニューヨークだ。「ニューヨークですしを食べようと思うと２００ドルくらいする」というビジネスマンから人気で、入店には4時間待ちの日もある。

アメリカ・サンティエゴの店舗も、日本のように回転して運ばれてくる

20年11月時点でアメリカは7州28店、台湾には31店を出店している。

アメリカ人件費、5年で2割増

気になる海外での価格だが、アメリカは２・６ドル～３ドル（約２７０～約３１０円）、台湾は38台湾ドル（約140円）で、やはりいずれも日本の100円よりも高い。

「もちろん現地の競合店よりはだいぶ安くしている。それでもやっぱり人件費が高すぎて、日本よりは高くせざるを得ない」（田中社長）という。

「アメリカでは魚はあまり食べられないので安く、コメも安い。つまり原材料は安いが人件費と家賃が日本より桁違いに高い」

特にカリフォルニア州の人件費は、5〜6年で2割は上がり、その負担が重くなって2017年にアメリカ法人の本社を登記上デラウェア州に移したほどだ。

「10年間で最低賃金が3割ほど上がったんじゃないか」（田中社長）

実際にアメリカでは、すしの価格も何度か値上げしている。

店舗が少ないこともあるが、高単価は売り上げ増にも寄与する。

台湾の店舗売上高は、日本よりも1カ月あたり200万〜300万円高い。台湾でも日本式の郊外型店舗が好調で、2020年9月には台湾法人が台湾株式市場に上場し、初日は公開価格を96％上回った。調達した資金で出店を加速し、30年には海外400店体制で

台湾ではサーモンがよく売れるという。
2020年は現地法人が上場した

1500億円の海外売上高を目指す計画だ。その頃には日本で600店、国内売上高も1500億円を見込む。

1977年に大阪府堺市に持ち帰りずし専門店を創業し、84年に「100円で本物」というキャッチフレーズで回転ずしを始めた田中社長。ずっと100円にこだわってきた理由を問うと「この数十年間、日本はずっとデフレだからだ」と即答した。

「経済がグローバル化して安い輸入品を調達できるようになったことで、販売価格が下落した。これはグローバル化の負の側面でもあると思う」

回転ずしが100円でなくなる日は来るのだろうか。

田中社長は「物価全体が上がれば、回転ずしだって高くなる」と前置きした上で、「でもアフターコロナは、消費者が価格を見る目はもっと厳しくなるだろう。医療費が上がれば格差も広がる。これからは値上げよりも再び値下げの時代が来るんじゃないか」と話す。

「価格を上げるのは簡単だが、品質を下げずに値下げする方がはるかに難しい」

日本のデフレを見つめ続けてきた目が、説得力を持って語っていた。

4 バブル世代のたそがれ

日本経済新聞で「安いニッポン」を連載した際、読者からは「日本の安さ」に対して多くの共感があった。ここでいくつか紹介したい。

●「ワンコイン（500円）ランチで満足できる食事をとれるのは日本くらいだと思う」

●「昔はアジアのどこを旅行しても物価が驚くほど安かったが、いまは日本が割安なため中国やタイの中間層が日本を訪れている。この20年間で逆転されたように感じている」

●「テレビ番組では全国津々浦々を巡って『コスパがいい』『こんなに安い』と連呼しているけど、『安いは良い』という考えから脱却した方がいいのではないか。成果物をたたき売りされているのと一緒だ」

また、海外に住んだことのある人々は、「日本の安さ」を特に実感しているようだった。

●「30年前にアメリカのボストンに駐在していたが、現地の外食がとにかく安く感じた。妻はママ友と外食しても値段を見ずにクレジットカードで払っていたくらいだ。それが今は逆転して、アメリカに旅行しても外食の間は高い値段が気になって、食事に集中できない」（60歳代会社員男性）

●「ヨーロッパで子育てをしているが、幼稚園やベビーシッターの価格が毎年上がって大変だ。数年おきに日本に帰国すると、日本はずっと同じ価格であることに驚く」（40歳代主婦）

「爆買い」に見る購買力の移り変わり

印象的だったのは、バブル経済期に商社の一般職社員だったという女性（52）のコメントだ。彼女は買い物のために土日に弾丸で香港、年末年始はパリやハワイに飛んで五つ星ホテルに泊まっていたという。高級ブランド「ルイ・ヴィトン」のパリ本店で行列を作っていた。典型的な「バブル期の日本」のイメージを地で行っていたのだ。

だが今では娘と一緒にジーユー(GU)で「プチプラ」と呼ばれる低価格なコーディネートを楽しむ。若い頃に買った「マドモアゼルノンノン」のセーターは、フリマアプリのメルカリで最近売った。生活に困っているわけではないけれど、「100円でも高く売れると少しだけうれしい」。何かに取り付かれたようにブランド物を買いあさっていた当時に比べて、見栄を張らなくていい現代のライフスタイルを気に入っている。

ただ、ふとさみしくなる時がある。

「銀座の百貨店前に止まった中国人団体客のバスを見て、ああ自分がそうだったなと思い出した」

海外旅行でのぜいたくは、今は数年に一度の貴重なお楽しみになってしまった。

5 なぜこれほど安いのか

ここからは、なぜこれほど日本の価格が安くなったのかについて見ていこう。

第一生命経済研究所の永濱利廣・首席エコノミストは「一言で言えば、日本は長いデフレによって、企業が価格転嫁するメカニズムが破壊されたからだ」と指摘する。

製品の値上げができないと企業がもうからず、企業がもうからないと賃金が上がらず、賃金が上がらないと消費が増えず結果的に物価が上がらない――という悪循環が続いているというわけだ。そうして日本の「購買力」が弱まっていった。

デフレが続いた結果、他国では成り立たないような「300円牛丼」や「1000円カット」といった格安のファストフードや理髪店が登場した。これらはまさにデフレが生み出したビジネスモデルであり、価格を上げられないために、人手不足が続いても賃金が上がらない。「新興国はそうならないように日本を反面教師にしている」（永濱氏）

外国のビッグマックが高く感じられる理由

海外と価格を比べる物差しの1つに、イギリスの経済専門誌「エコノミスト」が毎年報告している「ビッグマック指数」というものがある。

米マクドナルドのハンバーガー「ビッグマック」が世界中で同じ品質で販売されているとすると、その価格の違いから各国の購買力を比べて、為替水準を探ることができる、という指数だ。本来は、同じ品質ならばどこで売っても同じ価格であっていいはず。だが実際にはその国の原材料費や店員の賃金など色々な要因で単価が決まるため、国によって価格は異なる。こうした理論から、ハンバーガーの価格を比べることで、その国の総合的な購買力を比較できる――というものだ。

エコノミスト誌によると、2021年1月時点の計算では、日本で390円のビッグマックはアメリカでは5・66ドルだった。同じモノの価格は世界中どこでも同じだと仮定するならば、為替レートは1ドル68・90円でもおかしくない。

だが、実際の為替市場では1ドル104円前後で推移しており、円は約34％過小評価されている計算になる。

つまりその分、円を持つ人にとっては、ドルで売られるビッグマックが高く感じられる。ディズニーランドやダイソーといった実際のサービスやモノの内外価格差は2倍超のものもあり、通貨の過小評価の各種推計を大きく上回る。為替レートだけで説明できない要因があるはずだ。

第一生命経済研究所の永濱氏は「今の価格差は為替では説明がつかない状況にある」と強

図表1-2　円は過小評価されている

		アメリカでの価格（ドル）	日本での価格（円）	この価格差に基づく為替レート	実際の名目為替レート	日本円の評価
ビッグマック指数	2021年	5.66	390	1米ドル=68.9円	1米ドル=104.3円	33.9%過小評価
	2015年	4.79	370	1米ドル=77.24円	1米ドル=117.77円	34.4%過小評価
	2010年	3.58	320	1米ドル=89.39円	1米ドル=91.54円	2.4%過小評価
	2000年	2.51	294	1米ドル=117.13円	1米ドル=106円	10.5%過大評価

（出所）英エコノミスト
（注）2000年は4月、その他は1月

調する。「長期デフレに伴う物価停滞と、成長力の衰えに伴う国民の所得低迷が日本の相対的な購買力低下につながり、世界の中でも個別のモノやサービスの価格の安さが際立つようになった」（永濱氏）

つまり、足元で企業の賃上げが鈍り、働く人の消費意欲が高まらず、物価低迷が続いて景気も盛り上がらない「負の循環」が、日本の購買力を落ち込ませたのだった。

為替では説明できない長期デフレ

「日本のモノやサービスが海外より安い」というと、多くの人が「為替が要因だ」と思うだろう。だがインフレターゲットに詳しい米コロンビア大学の伊藤隆敏教授は「主な要因は為替だというのはミスリーディングだ」と指摘する。日本のモノやサービスの価格が海外に比べて安いか高いかは、「国内物価」、「海外物価」、「名目為替レート」で決まるという。

ここで伊藤教授の解説を紹介したい。

仮に国内物価と海外物価がそれぞれ2％上昇していれば、国内が海外に比べて安くなった理由は「円安だから」と言える。現実には、約20年前の2000年2月末も、20年2月末も、円ドルレートは、おおよそ1ドル110円だった（※注　2021年1月は103円前後）。

ところがこの20年間、日本の物価はほとんど変わっておらず、平均インフレ率はゼロになっている。その一方で、アメリカの物価は20年間、ほぼ毎年2％ずつ上昇してきた。2020年の物価水準は、00年の物価水準の5割増しだという。

そのため日本人が20年ぶりにアメリカに行くと、「物価が5割高くなっている」と感じ、逆にアメリカ人が20年ぶりに日本にやってくると、昔よりも相当に安く感じる。それが第4章で解説する、インバウンド（訪日外国人）の増加につながった。

したがって、「日本の購買力」が落ちたのは為替が安くなった（円安）わけではなく、20年間にわたるデフレ傾向が原因だと言える（※注　ただし２０１０年と20年をピンポイントで比べると、円安の影響がある）。

そもそも「日本の購買力」が落ちたということは、企業が少しでも値上げをすると売れなくなるほど、日本の消費者はインフレに抵抗がある。そしてその原因は、消費者の所得が上がっていないことだ。

アメリカでは、物価が２％ずつ上がるが、給料は３％ずつ上がっている。

この国内物価、海外物価、名目為替レート、さらに対米だけではなく、主な貿易相手国をカバーした概念を「実質実効為替レート」と呼ぶ。実質実効為替レートが、円という通貨の購買力を一番正確に表している。

円の実質実効為替レートをみると、２０２０年11月の値は、ピークの１９９５年４月に比べて半分以下、20年前（00年11月）に比べて40％減になった。それだけで、この25年間で、日本の購買力は５割減、20年間で見ても４割減になったと言える。

伊藤教授はこう結ぶ。「この購買力の落ち込みは、もはや凋落と言っていい」

日本の購買力はアメリカの7割以下

ここでいう「購買力」とはいわゆる、様々なモノやサービスを買うことができる力のことを指す。

グローバルでみる場合はその国の通貨一単位で買える量を表し、個人の購買力は実質賃金などで測ることができる。新興国では高い経済成長に伴って、雇用や給与が増えて中間所得層が厚くなっているため、個人消費支出が旺盛で購買力が向上している。

同じモノの価格は世界中どこでも同じになるはずだという「一物一価の法則」に基づく「購買力平価（ＰＰＰ）」は、ビッグマック指数のようにハンバーガーなどの品目で計算したり、消費者物価などの指数を使ったりする。あるモノが日本で１２０円、米国で1ドルの場合は、１ドル＝１２０円であれば購買力平価が成立していることになる。

ＰＰＰはつまり物価水準を考慮した各国通貨の実質的な購買力を交換レートで表したものであり、経済協力開発機構（ＯＥＣＤ）によると２０１９年は1ドル＝１００・64円だった。

購買力を国際比較する場合は、購買力平価ベースの１人当たり名目国内総生産（ＧＤＰ）

図表1-3　日米の購買力の差は開いている

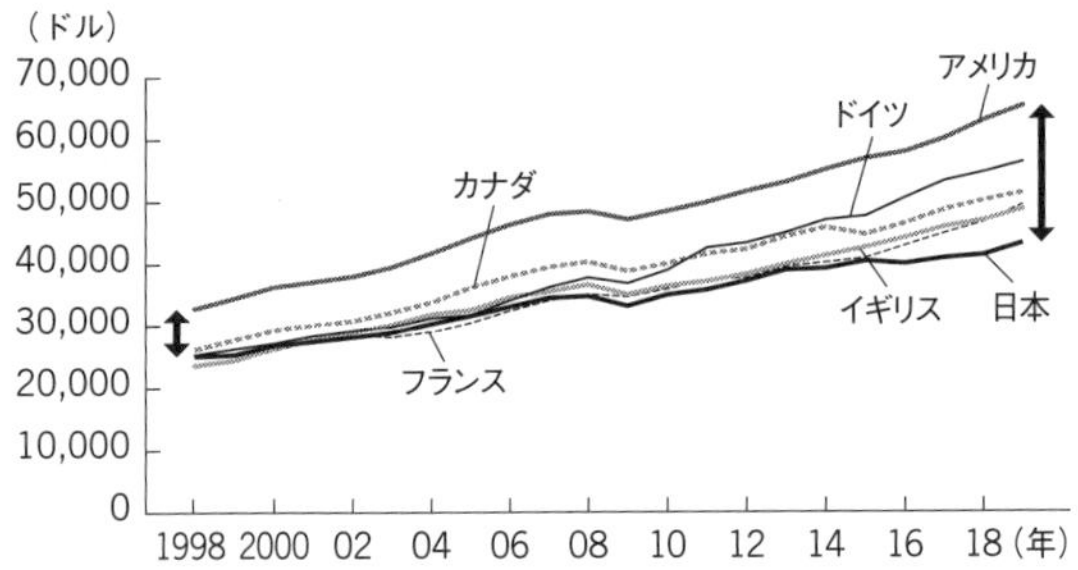

（出所）世界銀行
（注）購買力平価ベースの1人当たり名目国内総生産（GDP）

なども用いられる。平たく言うとその国の生活水準だ。

世界銀行のデータによると、1990年の日本は約1万9600ドルで、アメリカ（約2万3900ドル）をやや下回る程度だった。それが2019年には日本は約4万3200ドルで、アメリカ（約6万5300ドル）に大きく差をつけられている。日本はこの約30年間で約2・2倍になったが、アメリカは2・7倍、そしてタイは4・5倍と目覚ましい成長だ。

例えばアメリカのように所得が大きく増えていれば、ディズニーランドの入園料が上がっても負担感は高まらない。

タイでダイソーの価格戦略が成り立つのも似た構

図だ。所得が低いままのタイなら200円を超す雑貨は売れなかったが、この20年間でタイの所得は大きく増えた。「210円でもダイソーの商品を買いたい」という中間層の市場が急速に広がっていることの表れだ。

6 スーパーの店頭から見える価格下落

日本は消費者に近い「川下」のデフレも続いている。

全国のスーパー約400店の販売データを集計する「日経POS情報」を使い、食品や日用品など約1780種類の品目（個別商品ではなく「バター」などのカテゴリー）について、2000年以降の平均販売価格（税抜き）の推移を調べた。POSとは「Point Of Sales（販売時点情報管理）」の略で、商品販売時にバーコードを読み取ることで、売り上げ情報を店舗やチェーンで管理するシステム。小売店はこの蓄積データを販売管理や売り上げ予測に活用している。

約1780品目の2019年と00年の価格を比べると、比較可能な品目の約半分にあたる903品目が値下がりしていたことが分かった。

価格が下落したものは、飲料や日用品など特売の目玉になりやすい品目が目立つ。例えば2019年の「カレー缶詰」は00年比75％減の約113円、「アルコールテイスト炭酸飲料」は74％減の107円、「洗濯機・洗濯槽洗浄剤」も52％減で206円だった。「ペットボトル入り果汁入り炭酸飲料」は約4割減の90円、「インスタント紅茶」は37％減の254円、「箱入りティッシュ」は14％減の236円。「山菜漬」、「即席カップ入り卵スープ」、「レトルトスープ」なども1割以上下落した。

もちろん世帯人数の減少に伴う小容量化で安くなっているケースもあるが、全体の約半分が下がっているというトレンドは見逃せない。この20年間で市場が急拡大したペットフード関連も、6～9割ほど値下がりしているものもあり、価格競争に陥っている様子が浮かび上がる。

2001年から19年までそれぞれの年で、前年比の推移も調べた。

図表1-4　価格競争で値上げと値下げの波を繰り返している ——日経POS推移

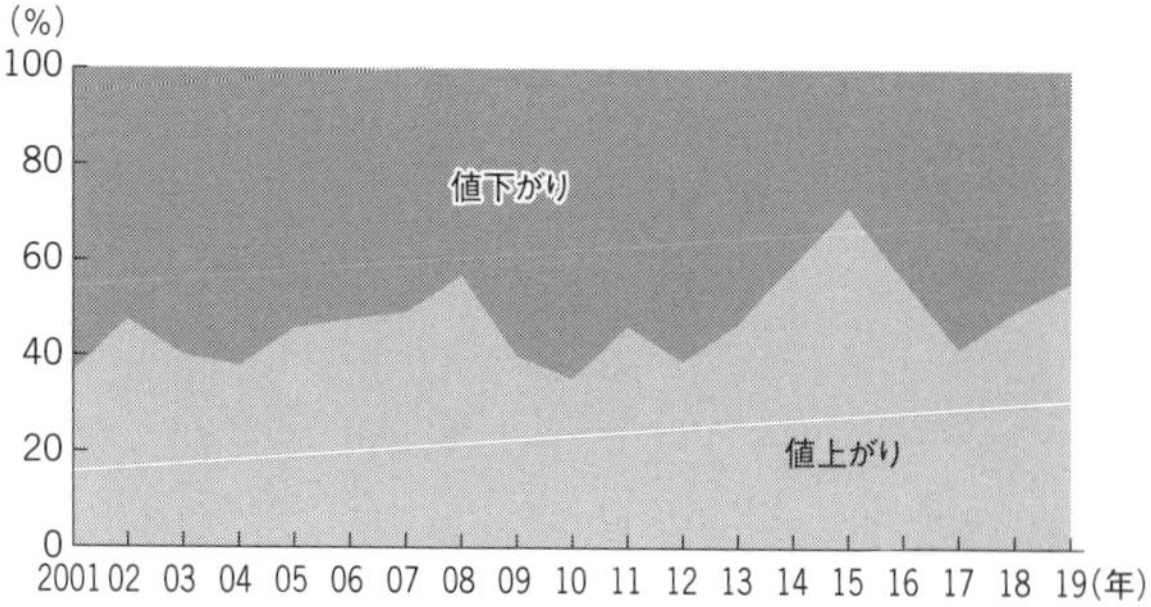

（注）日経POS情報で約1780品目の店頭価格（税抜き）を前年と比較し、値上がりした品目の割合と値下がりした品目の割合を比較

すると近年では消費税が５％から８％に引き上げられた２０１４年に、前年より値上がりした品目数が値下がり品目数より多くなり、原材料価格が高騰した15年は値上がり品目数が７割を占めた。しかし、17年に再逆転。19年も値上がりが上回ったが、長期で見ると、値下がり品目が上回っている年の方が多い。

スーパーは週末などに大幅な値引きである「特売」を打つことで売り上げを伸ばしてきたが、人手不足などでその慣習が薄れつつある。その代わりに台頭したのが、常に少し価格を抑える「エブリデー・ロー・プライス（ＥＤＬＰ、毎日安売り）」だ。ＥＤＬＰは特売時のチラシといった販売促進費が抑えられ、コスト管理もしやすくなる。

電子商取引（ＥＣ）との競争激化は小売店を苦しめている。

店舗はネット販売よりも人件費が多くかかり、物流コストも上昇が続く。だが消費者の低価格志向が根強いため店頭価格に反映できず、コストを自社で吸収するしかない。そこで、安価で粗利益率が高い小売店のプライベートブランド（ＰＢ）を増やしていることも、店頭価格が下がっている理由と言えそうだ。

ＰＢとは、スーパーやコンビニエンスストアなどが自主企画して、独自のブランドを付けて売っている商品のこと。日本では、「価格破壊」を仕掛けて小売主導の価格決定権を定着させたダイエーなどから始まった。生産会社に大量発注して小売店が原則全量を買い取るため、メーカーのナショナルブランドよりも安く設定できる。

総務省の消費者物価指数（ＣＰＩ、生鮮食品除く）は同じ期間でも数％上向いているが、特売やＰＢは一部しか反映されていない。日経ＰＯＳは特売やＰＢも含め、消費者の実態に近い価格水準が反映されている。

なぜニューヨーク・タイムズはガリガリ君CMを取り上げたか

店頭価格が下がっているのは、消費者の根強い低価格志向が原因だ。それが故に、企業は値上げに対して臆病になっている。

あるテレビCMを紹介しよう。

スーツを着た中高年や赤と青のジャージを羽織った若者など計100人超が、工場らしき建物の前に並び、前を向いて深刻な顔をして立っている。

流れるのは、1970年代初頭のフォーク歌手、高田渡氏の「値上げ」だ。最後の「値上げに踏み切ろう」という歌詞とともに、彼らは一斉に深々と頭を下げ、テロップが流れる。

「25年間　踏んばりましたが、

60→70」

そして現れたのは赤城乳業の氷菓「ガリガリ君」だった。

これは、ガリガリ君の25年ぶり10円値上げを知らせる2016年のCMだ。一見すると謝罪広告のような深刻さを醸し出している。

この潔さがネット上で受け、値上げ当初はＣＭ効果で売り上げ本数が逆に1割ほど伸びたという。

驚きなのは、アメリカの有力紙ニューヨーク・タイムズが1面でこのＣＭや反響を取り上げたこと。日本は景気低迷で物価が上昇していないため、企業の値上げが「重要ニュースになる」という点を、驚きを持って伝えた。当時アベノミクスを掲げていたものの、謝罪広告のようなＣＭからも分かる通り、活気に満ちた経済や強い消費活動を反映する値上げではない。そのことを、まるで珍しいものを見るかのように報じていること自体が、日本と海外の常識のズレをうかがわせる。

筆者が見た「値上げの春」のバックヤード

赤城乳業だけではない。実際に食品や日用品で値上げをするとなると、メーカーと小売店はしのぎを削る交渉を繰り広げることになる。

相次ぐ原料高で、幅広い品目の価格改定が表明された2015年2月。

「値上げの春」と呼ばれた当時、筆者は食品メーカーを担当しており、ある大手企業が、小売や卸など主要取引先の約400人を集めて開いた新商品発表会を取材したことがある。

ここで経営トップが登場して説明したのは、4月からの出荷価格の引き上げだ。主要な加工品について、数十円を上げたいという。

社長自らが真剣な表情で語りかける。「これまでコストを切り詰めてきたが、もう原価の上がりぶりは企業努力の範囲を超えている。何とかご理解してほしい」

だが小売のバイヤーは食い下がる。「状況は分かるが、消費増税直後でうちも集客が厳しい。もう少しだけ待ってもらえないか」「どうしても店頭価格を上げるなら、粗利が高い自分たちのPBの棚を増やそうと思う」

メーカーにとって、値上げが販売減につながれば失敗だ。

泣く泣くこう返すメーカー担当者もいた。

「出荷価格を上げる代わりにうちからの販売促進費を少し増やすので、何とか今まで通りの売り場でお願いします」

2015年は乳製品や食用油など幅広い品目で店頭価格の引き上げがあり、至るところでこのような商談が交わされていた。

カゴメも当時、主力のケチャップを1990年7月以来25年ぶりに値上げした。新興国を中心とする世界的な需要増でトマト相場が高騰し、加工品の原料となるトマトペーストの相場は2012~14年に4割以上も上昇していたためだ。当時、関係者に胸の内を聞いたところ、「これ以上コストの吸収は困難だが、消費者に分かってもらえるか……」。そう苦々しく語っていたのが印象的だ。25年ぶりということもあって「社内にケチャップの値上げ交渉を担当した営業員が少ないことも不安だ」と漏らしていた。

カレー大手A社も、油脂や小麦粉などの高騰から値上げに踏み切っていた。だが前回、各社が出荷価格を引き上げた07~08年は、競合するB社のみ価格を据え置き容量を削減する「実質値上げ」にしたところ、「B社に棚を奪われた」と苦々しく語っていた。そのため、各社はなるべく後に発表しようとギリギリまで対応に苦慮していた。

どれだけ上げて、いつ発表するか。

企業にとって経営戦略に直結する値上げ情報は最高機密でもあり、公表前の小売店への根回しが欠かせない。取材が特に難しかったことを覚えている。

実はこれまで「値上げの春」は何度も訪れているが、ここで言う「値上げ」とはメーカーが出荷価格の引き上げを表明したにすぎない。先ほど日経ＰＯＳで見た通り、それが店頭価格には反映されていないことが多いのだ。

記事検索データベースの日経テレコンで「値上げの春」を検索したところ、２０００年以降に「値上げの春」と題する記事が出てきたのは次ページの年だ。２０１３年からはほぼ毎年、川上から川下まで何らかの値上げが表明されている。いずれも表明ベースであり、食品などの消費者向け製品は店頭価格に反映されたものが多くないため、体感しにくいのが正直なところかもしれない。

●２００８年（牛乳、しょうゆ、ビールなど）
●２０１３年（トイレットペーパー、レジ袋など）
●２０１４年（牛丼など）
●２０１５年（牛乳、即席コーヒー、ケチャップ、食用油、ウイスキー、アイスなど）
●２０１６年（即席スープなど。一部は反動値下げも）

●2017年（印刷用紙や市販用タイヤなど）
●2018年（納豆、ビールなど）
●2019年（アイス、大型ペットボトル飲料、冷凍食品など）

円安による原材料価格の高騰で、特に幅広い製品で値上げがあったのが2015年だ。そして2019年は、人手不足による物流費の高騰で、15年に続く規模の値上げとなった。

さて、どれだけの製品で「確かにこれは高くなったな」と思っただろうか。

収益改善と客離れはもろ刃の剣

1990年代からのデフレの定着後、メーカーも小売店も消費者の買い控えを懸念して、値上げができない状況が続いていた。物価に詳しい東京大学の渡辺努教授は「リーマン・ショックが起きた2008年ごろから輸入原材料が高くなり、内容量を減らして価格を据え置く実質値上げが増えるようになった」と指摘する。

いわゆる「ステルス（こっそり）値上げ」というものだ。

渡辺教授の調査では、2008年には実に1500品目ほどでステルス値上げがあったという。

２０１２年末に始まったアベノミクスで円安になり、海外穀物や小麦などの原材料が上がった際もこの傾向が見られた。一方でアベノミクスの初期はその期待感も強く、単純値上げに踏み切った企業も多い。外食大手の鳥貴族や「ユニクロ」を運営するファーストリテイリングだ。

だが、当時はいずれも客離れにつながってしまった。

鳥貴族は２０１７年に約６％値上げしたところ、消費者に敬遠されて業績が低迷。ファーストリテイリングも原料高や急激な円安を受けて「品質を保持するために」（柳井正会長兼社長）とユニクロで、２０１４年の秋冬の新商品で5％前後、15年も一部で平均10％の値上げを実施。だが、既存店客数の前年割れにつながり、価格政策を見直している。

値上げを持続できている企業もある。

キュービーネットホールディングスのヘアカット専門店「ＱＢハウス」だ。

２０１９年にカット料金を１０８０円（税込み）から１２００円に引き上げたが、想定よりも客離れが起きなかったという。同様のビジネスモデルは競合や代替店舗が少ないためだと言えるだろう。

一方で食品メーカーや外食など競合がひしめく業界では付加価値を訴求しにくく、値上げは収益改善と客離れがもろ刃の剣だ。「ファストリや鳥貴族の値上げ失敗が、多くの業界に恐怖心を植え付けている」（安さで知られる日用品チェーン首脳）

東京大学の渡辺教授はステルス値上げについて調べた際、実際に企業がどういう気持ちで商品を小型化したのかを聞きに行ったことがある。

某コンビニエンスストア大手のおにぎりを開発・製造受託している総菜工場だ。担当者はいかにおにぎりを小型化してコストを削減しているか、そのための設備投資や包装用紙の改良などを、細かに説明してくれたという。

だが最後に担当者がつぶやいたことが忘れられない。

「僕たち技術開発者は、通常業務が終わったあとに残業までして小さなおにぎりの作り方を試行錯誤している。でも消費者は全然喜ばず、『こっそり小さくしている』とＳＮＳに書かれるんです」

渡辺教授はその際に思った。
「企業や労働者が、誰も報われないことをやっている、悲しいニッポンだ」と。

7　読者が思う「安いニッポン」

このように物価が上昇しにくい日本において、実際に読者や消費者の低価格志向はどれほどなのだろうか。新聞連載時には、ＳＮＳなどネットでも反響を確認できたが、あらためて独自のアンケート調査を通じて細かな意見を探ってみた。

アンケートは２０２１年１月に、調査会社インサイトテック（東京・新宿）の協力を得てインターネット上で実施した。全国の男女６７４８人から回答を得ることができた。回答者の年代は30歳代（35％）が最も多く、次いで40歳代（27％）。会社員が38％、専業主夫または主婦が23％、パートやアルバイトが17％。世帯年収は３００万～４００万円（14％）が最多で、２００万～６００万円で52％を占めた。

スタバのラテ、「高い」6割

まずマクドナルドのハンバーガーや米アップルのスマートフォン「iPhone」など、海外の価格と比較しやすい身近な19品目のモノやサービスの税込み価格について、それぞれ「高いと思う」か「安いと思う」かを聞いた。

すると約8割強の16品目で、「高い」と感じる人の方が「安い」より多かった。最も「高い」という人が多かったのは、東京ディズニーランドの料金だ。約8割が「高い」と回答し、「安い」は2％にとどまった。神奈川県の30歳代女性は「飲食代も高いし頻繁には行けなくなった」とぼやく。愛媛県の30歳代女性も「子どもを連れて行きたいけど高すぎて行けない」、福岡県の50歳代公務員女性は「北九州市のスペースワールドは（2017年末に）閉鎖を余儀なくされ、地元民として淋しかったのでテーマパークを応援したいが、ディズニーランドは高すぎる」と複雑な心境を明かした。

アマゾンジャパン（東京・目黒）が提供する動画や音楽配信、配送料が無料になるサービス「プライム会員」の年会費（4900円）も42％が「高い」と答え、「安い」（22％）を上回った。人気を集める定額制サービスの1つだが、回答者からは「入ってても使ってないサー

図表1-5 日本では「高い」と感じられているモノが多い——消費者調査①

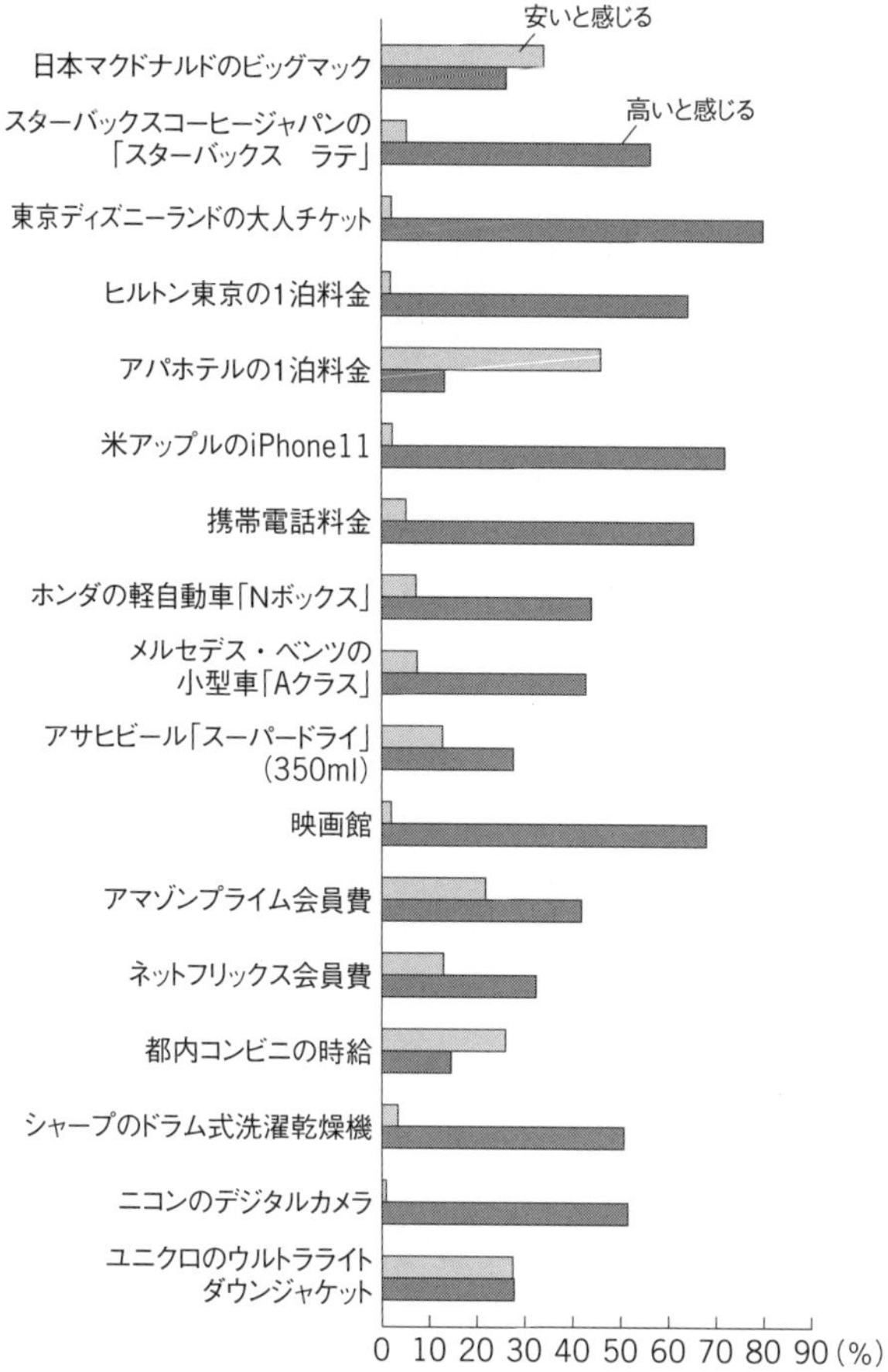

（出所）インサイトテックと共同で2021年1月に実施したアンケート調査
（注）一部を抜粋

ビスもあるので、それぞれ単体で安い方がいい」（愛知県の30歳代男性）との声も聞かれた。

スターバックスコーヒージャパンの「スターバックス　ラテ」（トールサイズ、店内利用で約４２０円）は回答者の56％が「高い」とし、「安い」は５％しかいなかった。

「コンビニエンスストアの１００円コーヒーなどに比べたら、いつも『ちょっと高いな』と思う」。都内のスタバ店舗でラテを注文した30歳代の女性に感想を聞いてみると、そう苦笑した。でも店内で静かにゆっくりと過ごしたい時や仕事をする時は、スタバを利用したくなる。「毎日スタバだと出費がかさむので、安いカフェチェーンに行く。スタバはちょっとしたご褒美感覚」なのだという。

だがこれら3品目は、いずれもグローバルで比較すると日本は相対的に価格が安いケースが多い。ディズニーランドは先述した通りで、スタバのラテもシンガポールでは約４７０円と、日本より高い地域もある。アマゾンプライムは第２章で詳述する。

今回の調査から浮かび上がるのは、低価格を強く求める日本の消費者の姿だ。

ディズニーランドの次に「高い」と回答した人が多かったのは、映画館（大人１人１９００円）だった。「高い」は68％にのぼり、「安い」は２％。

映画は確かに1000～1400円が多いと言われるアメリカなどに比べて日本の大手は割高かもしれない。インドでは客席が動いたり風や香りが出たりする体感型シアター「4DX」での鑑賞料金が、380ルピー（650円）と安い。

日本は設備投資や人件費などのコスト高で、2019年6月以降多くの大手映画館が100円値上げして1900円になった。一般社団法人の日本映画製作者連盟によると、1人当たりの平均入場料金は2020年に1350円で過去最高となり、09年（1217円）より133円高くなった。

仏エルメスのバッグ「リンディ」（約120万円）、ニコンのデジタルカメラ（約14万円）は「安い」と思う人は1％に満たなかった。

飲み放題付きコース2980円は63％が「妥当」

身近なモノやサービスについての「妥当だと思う価格」も聞いた。

牛丼の並盛りについては「400円」（54％）と「350円」（45％）が多く、現在の約390円と同水準だった。ラーメンは「790円」（59％）や「900円」（39％）。都内なら

1000円を超える店も多いが、「妥当だと思う価格」はもう少し割安だ。東京ディズニーランドの大人1日券は2020年の値上げ前の水準である「7500円」が87%で、「9000円」は12%だった。居酒屋チェーン店の飲み放題付きコースは「2980円」(63%)が最多で「5000円」(37%)も一定数いた。

極端に差が出たのはビジネスホテルの都内1泊料金で、「1万円」が96%で圧倒的多数を占め、「3万円」は3%で段違いの少なさだった。

自由回答では、消費者が安いと思うモノやサービス、つまり「もっと高くてもいい品目」を聞いた。読者が思う「安いニッポン」だ。いずれも複数回答があったが、代表的な意見の属性を明記して紹介する。

●「健康を害するたばこやお酒」(神奈川県の30歳代主婦)
●「牛丼の並盛り」(岐阜県の10歳代女性)
●「伝統工芸品」(埼玉県の40歳代アルバイト男性)
●「居酒屋の飲み放題付きプラン」(東京都の20歳代男子学生)

図表1-6 消費者の低価格志向が根強い——消費者調査②

「それぞれ妥当だと思う金額は?」の回答

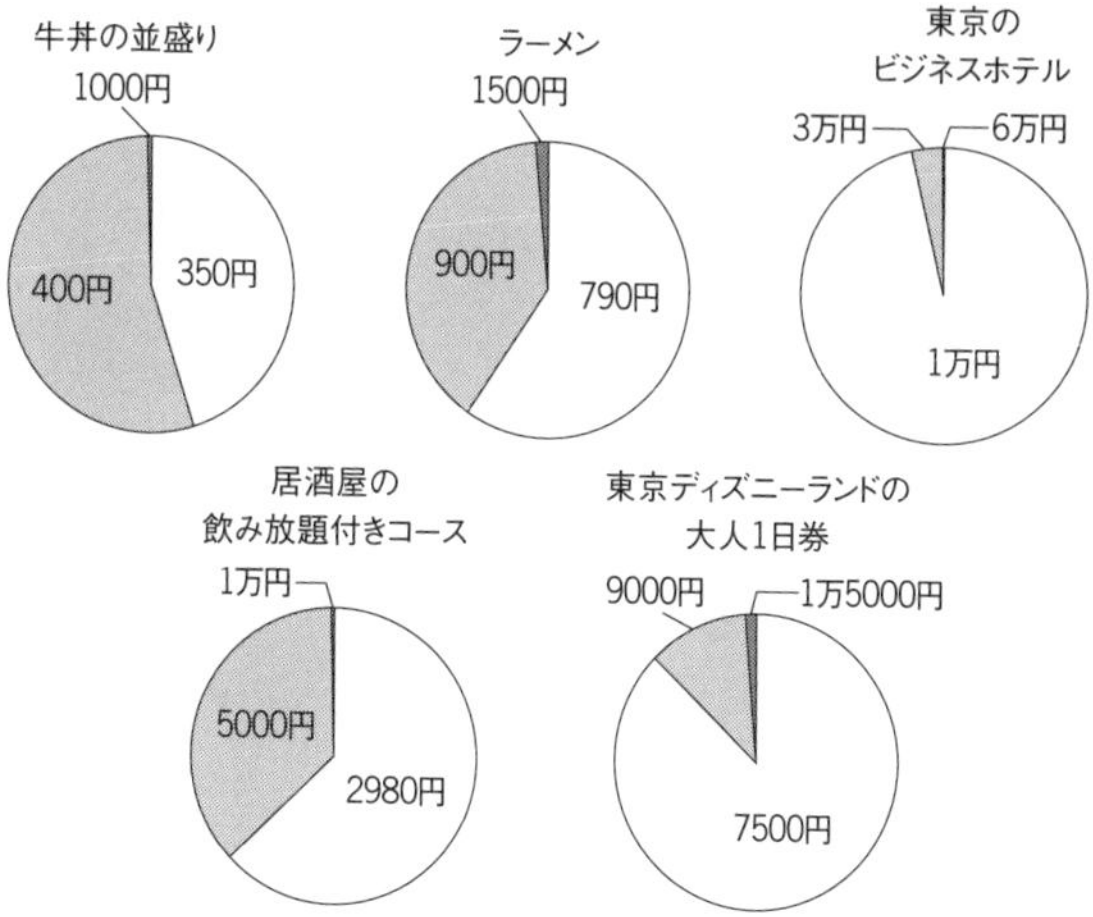

（出所）インサイトテックと共同で2021年1月に実施したアンケート調査

●「豆腐やこんにゃくなど手がかかる食品」（広島県の20歳代女子学生）

●「宅配料金」（東京都の30歳代パート女性）

●「ファミリーレストランの平日ランチ」（大阪府の50歳代パート女性）

●「農産物や酪農製品など、生産者への還元が少ないモノ。特に20円のもやしは農家は大丈夫かと不安になる」（兵庫県の50歳代会社員男性）

●「100円ショップ」（栃木県

の30歳代女性）

●「スーパーの総菜」（大阪府の70歳代無職男性）
●「福祉サービス」（神奈川県の50歳代女性）
●「缶コーヒー」（大阪府の30歳代会社員男性）
●「ワンコイン（500円）ランチ」（山口県の30歳代会社員女性）
●「1000円カット」（京都府の10歳代男子学生）

いずれも生活に密着したモノやサービスとなっており、うなずける人も多いのではないだろうか。

また、「賃金」や「給料」、「時給」など所得関連を答えた人が約2000人にのぼった。

実は新型コロナウイルスの感染拡大初期である2020年3月にも同じ項目で調査をしているのだが、その際に回答者全体のうち「賃金」関連を答えた割合は、約22％だった。だが今回は約30％に増えており、少なからず所得への関心が高まっているようだ。新型コロナウイルスの感染拡大で経済活動が制限され、所得に影響があった人が少なくないと推察される。

自分の所得だけではなく、多様な職業をおもんぱかる姿も見られた。

●コンビニエンスストアの時給

「コンビニは今やインフラ。数年前に比べて宅配や公共料金の受け付けなど業務内容が幅広く、決済手段も増えて覚えるのが大変。時給が最低賃金なのは割に合わない」（千葉県の20歳代会社員女性）

●介護士や保育士

「命を預かり重労働なのに賃金が低すぎる」（40歳代パート女性）

「保育士さんがいなければ共働きできない親ばかりのはず」（30歳代会社員女性）

「今のままだと目指す人がいなくなる」（50歳代会社員女性）

●外国人労働者

「報道されるような悪い待遇ばかりだと、いずれ日本に来てくれなくなる」（40歳代会社員男性）

そして最も多かったのは、新型コロナウイルス禍であらわになった、医療従事者の低報酬への疑問の声だ。「看護師など医療従事者の給与」という意見は前回調査よりも格段に増えた。

「医療費を上げてでも重労働されている従事者に回してほしい」（愛知県の40歳代会社員女性）

「エッセンシャルワーカーがいないと社会は成り立たない。ちゃんと処遇で報いるべき」（山梨県の50歳代会社員男性）

さらに、無報酬や無料のサービスに疑問を感じる声も目立った。

「建築関係の無料相談」（宮城県の30歳代女性）のほか、スーパーやコンビニエンスストアにて無料でもらえる割り箸やお手拭きなどだ。

レストランでの丁寧な接客なども「満足度の高いサービスを受けたければ、価値に見合う高い金額を払うべきだ」（50歳代無職女性）といった意見もあった。日本では「サービス」といえば無料を連想させる意味になっていることも興味深い。

「安い」ことは歓迎すべきことか

一方で、「高い」と思っているモノやサービスについても、値上げの余地があるという意見はあった。例えば東京ディズニーランドも「キャストの多くがアルバイトだと聞いたことがある。サービス精神あふれる接客を頑張ってほしいので、給与を高くしたり雇用を増やしたりするための値上げなら歓迎」（東京都の40歳代会社員男性）、「入園者を半減してくれるなら2倍払う」（埼玉県の60歳代会社員男性）。

1990年代初めのバブル崩壊後、日本は長いデフレを経験した。調査では、デフレや現在の物価が安いことについて28％が「歓迎すべきだ」とし、「良くないと思う」（15％）を上回った。「どちらとも思わない」が58％で最多を占める結果となった。

歓迎する理由は「給料が低いから」が圧倒的に多く、「コロナで収入が減っているから」（東京都の30歳代男性）という人も目立った。

「良くないと思う」とした埼玉県の20歳代会社員女性は「自分にとって物価は安いほうがい

図表1-7　コロナ禍で、安い物価を歓迎する声がわずかに増えた
——消費者調査③

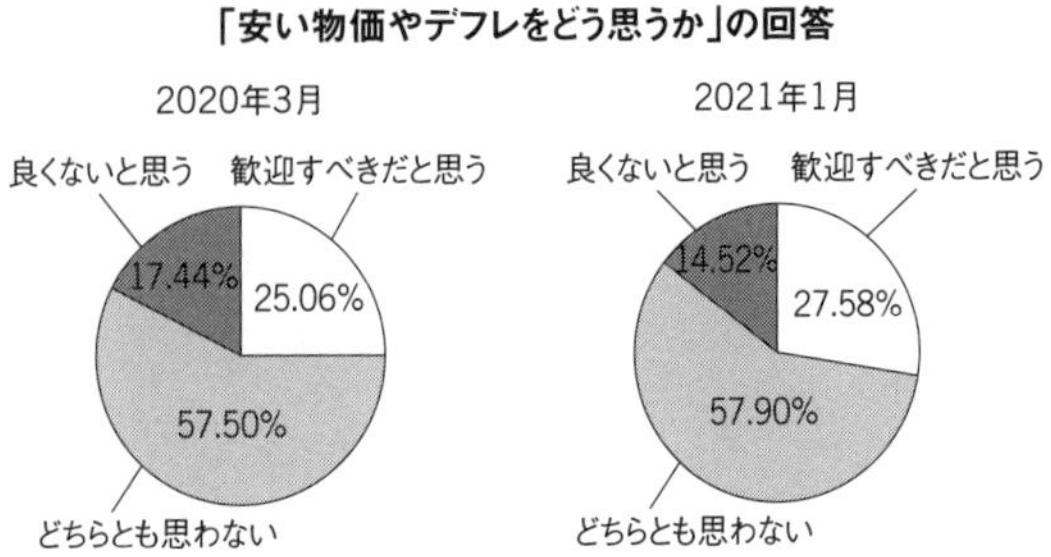

（出所）インサイトテックと共同で実施したアンケート調査

いが、安いことが理由で不便をもたらしている側面もある。例えば外国人観光客が多く集まって混雑しているスポットなどはそう感じる」という。

また、京都府の20歳代の女性は率直にこうつづっている。

「価格を下げてもサービスや品質を一定に保ち提供できている日本は素晴らしいと思うが、その技術など目に見えにくいところへの還元がされていないと思う。それについては良くないと思うが、自身の収入を加味すると、物価が安いことには助けられている。そのため『良くない』と大きな声では言いにくいというのが正直なところだ」

つまり、生産者への還元を思うと適正価格にすべきだが、自分の所得水準を考えると値上げは困るのも本音。これは多くの日本人も同意するところではないだろうか。

これから人手不足が続いたり、新型コロナウイルスで経済活動が制限されたりする中で、企業は今までのようなサービス水準を維持することが難しくなるかもしれない。企業には消費者が受け入れやすい価格設定が問い直される一方で、消費者もいま一度、価値に見合う対価について考える必要がありそうだ。

インタビュー

「このままだと日本はこの先も変われない」

許斐潤
野村證券金融経済研究所・所長
このみ・じゅん
1985年早稲田大政経学部卒、野村総合研究所企業調査部、ドイツ駐在などを経て2019年〜現職。日本証券アナリスト協会副会長など

日本企業の「低い価格付け」、「金額で測った低生産性」、「低利益率」の3つは全て同根だ。日本企業はもっと価格を上げるべきだが、値上げができる素地がなく、消費者も分かってくれない。それどころか企業も、「安く売る」のが哲学になっている。このような精神論のままだと、日本はこの先も変わることはできない。

値上げできない理由は2つある。

1つめは、日本は解雇規制が厳しくて従業員を解雇できないので、日本企業は「従業員の人件費を確保する」ことが第一目標になりがちだ。そのため製品の価格を下げてでも、売上高の絶対額を確保しようとする。だがアメリカのように需要変動に応じて機動的に人員調整をできれば、そうはならないと思われる。

だが値下げをしないと売れないということは、裏を返せば、その企業の製品は（値下げ前の値段では）社会に必要とされていない、ということでもある。必要とされていない企業に人を縛り付けておく方が罪であり、従業員をいったん解放するべきだ、という考え方だってある。

日本文化の理屈では「20年間旋盤を回してきた人に老人ホームで介護の仕事はできない」というが、世の中で必要とされている仕事の種類の変化に合わせて、労働者も自己変革していかなければならない。「労働者も学習し直し、それぞれが必要とされる場所で必要とされる仕事をする方が幸せだ」というのがアメリカの考え方だと思う。

アベノミクスでは解雇規制の見直しも議論になったが、結局尻すぼみで雇用環境は変わらなかった。だが中小企業では切羽詰まって人員調整が行われているケースもある。解雇の金銭解決なども含めて機動的な人員調整ができるように法制度を整えた方が、貴重な経営資源の流動性向上にもつながるし、労働者自身の自己研鑽意欲も高まるのではないか。

2つめは同質競争気質だ。

日本は戦後ずっと、「生き残るには価格競争しかない」という状況が続いてきた。他の誰もがやらないことに特化して「オンリーワン」で勝負する欧米企業に対して、日本企業は品質や性能、領域のユニークさで競うことができず、安さで勝負をする傾向があるためだ。

この傾向は、財閥がグループ企業など同じ系列の中に、一そろいの産業を持とうとする点に端を発するかもしれない。各グループで自動車から電気機器、食品・飲料等まで全て一通りそろえてきた。1億人しかいない国で、市場規模や需要の成長性に関係なく多くの産業で企業グループの数だけプレーヤーが存在するために、過当競争で値下げ合戦が繰り返された。例えば金融機関も同じようなサービスを提供しているのに、経済的には意味のない都道府県で区切られている。

最近でもキャッシュレスの「○○ペイ」が乱立するなど、その傾向は続いているように見える。付加価値で勝負している企業が少なすぎる。

日本人は安定を好むと言われるが、私から見ると「安定」ではなく「固定」だ。安定とは、上がったり下がったりしながら水準は同じ程度になるものだが、日本人は何が起きても同じ場所に縛り付けておく節がある。つまり日本企業は固定を前提にコストを設定するので、売り上げ確保を重要視し、売るために値下げに走っているのだ。

「物価２％を上げるなら、賃金は３％上げる。そんな政策が必要だ」

渡辺努
東京大学・教授（経済学部長）
わたなべ・つとむ
１９８２年東京大経卒、日本銀行。
ハーバード大博士（経済学）、専門はマクロ経済学

日本の物価の歴史をひもとくと、様々な品目の価格が分かる消費者物価指数（ＣＰＩ）は戦後から統計があるものの、戦前はコメの価格は分かっても世界共通ではないので、海外比

図表1-8　日本のインフレ率は低迷してきた

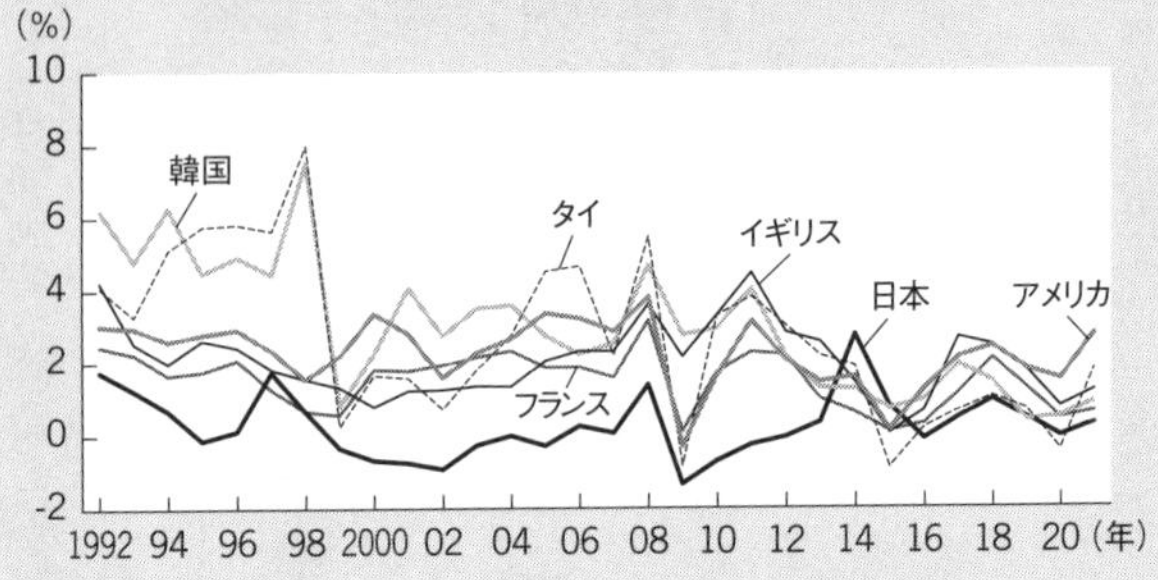

(出所) IMF
(注) 消費者物価指数年平均値の変化率。2019年以降は見積もり

較は難しいだろう。1960年代は戦後後期が続き、他国より物価も安くいわゆる途上国のようだった。1970年代のオイルショックなどを機に高騰し、1980年代は「東京のホテルが高い」などという内外価格差が定説になった。

ところが、バブルが崩壊して数年たった1995年頃から、多くの企業が価格を動かさなくなった。CPIで、ほとんど前年と変わらないことを意味する「0%」の品目が最多となった。同じ時期でもアメリカは2～3%の品目が最も多い。つまり海外では企業が値上げをするのが当たり前なのに、日本は一切上げないのが普通になってしまった。

当時はバブル崩壊で不景気になり、原材料費や人件費を価格に転嫁して値上げすると消費者が逃げてしまうので、価格の据え置きは企業の戦略として理解できる。だが問題は、少しずつ景気が良くなった2000年代以降もその慣行が続いたことだ。値下げでもなく「据え置き」というまさに日本流のデフレが確立してしまった。企業としては業績が良くて賃上げできるタイミングもあったが、人件費を上げると商品も値上げせざるを得ず、だから賃上げもできない。賃金と物価のどちらが先かというのは「鶏と卵」のような問題だが、まず据え置き価格を優先したために賃上げできなかった、というのが実態だろう。

アベノミクスのように物価2％を上げることを目指しつつも、モノの価格を上げることに消費者は抵抗するので、それなら政府の目標を賃金に切り替え、3％の賃金上昇を目標値に掲げるような政策が必要だ。ターゲティングをモノの価格から賃金にすり替えて強調するだけで印象が変わり、「賃金が上がるんだ」と思えば値上げも受け入れられやすくなる。

多くの人は「価格が安ければ幸せだ」と言うかもしれないが、それは違う。企業からすると、せっかくおいしいチョコレートを作れそうないいアイデアが浮かんでも、商品開発のコストがかかるので、「おいしいチョコを作れても価格が据え置きなら元が取れない」と商品化を諦めてしまう。海外や高度経済成長期の日本ならば、企業が競って積極的に良い商品を作り、価値に見合うよう価格も上げて、大成功を収める。でも今はステルス値上げのように「どうやって小容量化するか」の研究が重要視される。これでは企業の挑戦心を損なわせてしまう。

「アフターコロナ時代、低価格志向はより強まるのではないか」

田中邦彦
くら寿司・社長
たなか・くにひこ
1951年生。73年桃山学院大経卒、タマノイ酢入社。77年すし店開店。84年回転ずし参入。95年くらコーポレーション（現くら寿司）設立。趣味は釣り。岡山県出身

「安さ」を好むのは日本だけでなく、世界共通の心理だ。

今進出しているアメリカや台湾では、日本より価格は高くしているが、それでも現地の競合と比べると一番安くなるように設定している。日本よりも高い主な理由は人件費。

2009年に進出したカリフォルニア州では、最低賃金が毎年どんどん上がり、人件費が5

〜6年間で2割は上がっている。そのため何度か値上げもした。

人間みな安さを求めるが、特に日本の消費者は低価格志向が強い。それはずっとデフレが続いているため当然のことである。海外から安い商品が入ったことで、国産商品を高い値で売っていた国内企業が弱くなるなど、経済のグローバル化は物価下落というマイナス影響も与えた。飲食産業も、海外から安く原材料を調達できるかどうかが成功のカギになる。これに失敗すると、安く売ることはできない。

飲食産業では、立地、味、価格という三大要素が重要だ。接客態度やスピードも大事だが、まずはこの3つが優先事項と言える。だが日本の製造者は「いいモノを作ったら高くても売れるだろう」と価格戦略を甘く見る傾向にある。そのため強気の価格で供給し、アメリカなどで成功できず、海外撤退が相次ぐ。マネージメントの基幹は価格戦略であり、客単価から商品開発をしないといけないのだ。例えば夜の客単価は「1200円まで」などとラインを設けないと、いかなる商品があっても売れないだろう。1500円に設定すると、市場が極端に小さくなってしまう。科学的に設定した価格を、意思を持って維持する。そのために徹底的に無駄を省く。これが飲食業経営の基本だ。

これからも、日本の消費者の財布の紐は依然として固いだろう。「くら寿司」は国産の珍しい魚も含め、1皿100円にこだわって提供し続けたい。もちろんデフレから脱却してインフレになれば、100円よりも高くなる日が来るかもしれない。しかしアフターコロナの時代はもっと低価格志向は強まるのではないか。医療費が上がれば景気が崩壊して格差が広がり、もっとデフレになる。値上げは簡単だが、品質を維持したまま価格を下げることの方が難しい。常にその時に備えてコスト削減に取り組んでいる。

「安さは生産者のためにならない」とよく言われるが、生産者だって、おいしいモノを作ったら一人でも多くの人に食べてもらいたいはずだ。そのためにコストを省いて安さを提供する。それこそがサービス業の原点だ。

第2章 年収1400万円は「低所得」？

人材の安い国

日本企業はこぞって
インド工科大学（写真）の学生に
ラブコールを送るが採用できない

1 サンフランシスコVS港区

２０１９年末に日本経済新聞や日経電子版で連載した「安いニッポン」シリーズで、特に反響があったのは「『年収１４００万円は低所得』人材流出、高まるリスク」という見出しの記事だった。

ここで引用したのは、「米住宅都市開発省がサンフランシスコで年収１４００万円の４人家族を『低所得者』に分類した」という数字だ（※注…実際は12万９１５０ドルで、掲載した２０１９年12月の為替レートである１円＝約１０９円で計算）。

この記事には実に様々な感想が寄せられた。

「確かに自分の賃金は全く上がらない」、「日本はいよいよ貧しくなっている」との声や、「サンフランシスコは物価が高すぎて、１４００万円あっても悠々自適に暮らせるわけではない」「アメリカは入院代が高いので、給与が安くても日本の方が暮らしやすい」という意見だ。

港区の年平均所得1200万円はサンフランシスコでは「低所得」

同じ米住宅都市開発省の2020年の最新版では、年収13万9400ドルが低所得者に分類されており、1年で約1万ドル上がったことになる。21年1月の為替（約103円）でも約1400万円を大きく超える計算だ。

2018年時点では11万7400ドルだったため、毎年1万ドルずつ上昇している。ちなみに20年版では、8万7000ドル（約900万円）は「非常に低い所得」、5万2200ドル（約540万円）は「極めて低い所得」と位置づけている。

記事中ではサンフランシスコの年収と対比させる形で「厚生労働省によると日本の17年の世帯年収の平均は約550万円、1千万円を超える世帯は10％強にすぎない」とも紹介した。だがサンフランシスコはアメリカでも最も高い地域の一つ。そのため読者からも「サンフランシスコと比べるなら港区とかでないとフェアじゃない」という指摘があった。確かに日本の平均年収で比べるよりも分かりやすかったかもしれない。その反省から、東京都で最も高い場所と比較してみよう。

総務省「課税標準額段階別令和元年度分所得割額等に関する調」などから計算すると、都内の平均所得のトップは港区だった。調査会社の東京商工リサーチ（東京・千代田）の2020年調査によると、全国で社長が最も多く住む街は港区赤坂。しかも上位10カ所のうち7つが、繁華街や高級住宅街のある六本木や南青山など港区エリアだった。港区の人口に対する社長比率は13・1％で、住人の10人に1人が社長となっている。

そんな港区の平均所得は年約1217万円。つまり日本の富裕層エリアと言える港区でも、平均所得はサンフランシスコの「低所得」に分類されてしまうという事実となった。

3700円の朝食

さて、「1000万円プレーヤー」が低所得だと言われる街、サンフランシスコでの暮らしぶりはいったい、どんなものなのだろうか。

フェイスブックやアップルなど好景気をけん引するIT企業の本社が集積するシリコンバレーと隣接している。高利益を稼ぐこれらの企業が高収入で優秀なエンジニアを世界中から引き寄せ、家賃や物価を押し上げている構図だ。

2011年から同地域に住む安川洋さん（51）は「9年間で住宅購入価格は2・5倍くらい上がった感覚がある。ラーメンも1・5倍になった」と話す。

輸入雑貨などを取り扱う専門商社を経営している安川さん。

2020年12月まで住んでいた3ベッドルームを備えたアパートメント（日本で言うマンション）の家賃は、4600ドル（約47万円）だった。

アメリカは経済成長のペースに合わせて家賃も上がっていく。

毎年の上昇に加えて、年契約から月契約に切り替えると1・3～1・4倍に上がるという慣習もある。「このままでは近く6000ドル（約62万円）に達するのではないか」と恐れていたころ、新型コロナウイルスの感染が流行。州法で過度な家賃の値上げが規制された。

子どもが大きくなったこともあり、12月に郊外の一戸建てに引っ越した。

新居は4ベッドルームで5800ドル（約60万円）だ。

1日の生活費はどのくらいだろうか。料理宅配サービス最大手の「ドアダッシュ」を使い、安川さんとその日の食事を選んでみた。

まず朝食だ。近所のカフェでサンドイッチを頼んだ。

●「カリフォルニアBLTサンドイッチ」(10・35ドル、約1070円)

●アボカドをトッピング(1・20ドル、約120円)

●ミニサラダ(7・20ドル、約740円)

●コーラ(2・45ドル、約250円)

さらに配達料や手数料、チップなどを加えると合計36ドル(約3700円)

昼食は人気のラーメンにした。

●とんこつラーメン(14・50ドル、約1500円)

●ぎょうざ(6ドル、約620円)

●お茶(3・50ドル、約360円)

同様に配達料などを加えると合計35・54ドル(約3700円)

夕食は日本でもおなじみのグリル専門店「シズラー」のステーキだ。

●ステーキ&ロブスター（23・99ドル、約2500円）で柔らかい部位のリブアイを選択（11ドル、約1200円）
●食後のケーキ（4・99ドル、約510円）
●レモネード（3・99ドル、約410円）

同様に配達料などを加えると61・58ドル（約6400円）。シズラーはファミリーレストランに近いカジュアルな雰囲気だが、値段は十分に日本のお高めレストランに近い。

このように1日で、優に1万円を超える結果となった。

もちろん、アメリカでは会員制ディスカウントストア「コストコ」などで牛肉やナッツなどの食材が低価格で売られており、自炊すれば安く抑えられるだろう。だが外食に関しては、都心でも1000円ちょっとで定食が食べられる日本とは大きな開きがあると言える。

日本企業の海外駐在員たちは「300円の牛丼やワンコインランチはある意味で本当にぜいたくだ」と口をそろえる。

安川さんも「日本は安い価格なのに、味もおいしいしサービスの質がいい。つまりコスパが最高だ」としみじみと語る。

GAFAがけん引する家賃急騰

一方でそんな街にも、新型コロナウイルスで変化の兆しが表れつつある。

それはテレワークの常態化だ。

米ツイッターは2020年5月、全従業員約5000人の永続的な在宅勤務を認めた。オンラインのミーティングに出られるなら、どこにいても働ける、というものだ。フェイスブックなど多くのIT企業もこぞって追随した。それならば家賃と物価の高いシリコンバレーに住み続けなくてもいいだろう、と郊外や州外に転居するエンジニアが増えているという。

企業も脱・シリコンバレーに動き始めた。

行き先で多いのは、個人の所得税を課しておらず家賃も割安なテキサス州だ。オラクルは2020年12月、「従業員に勤務場所と働き方についてさらなる柔軟性を提供する」として同州オースティンに本社を移転した。シリコンバレーの源流とも言えるヒューレット・パッカード（ＨＰ）から分割された米ヒューレット・パッカード・エンタープライズも２０２２年にテキサスに移る予定だ。電気自動車（ＥＶ）大手のテスラのイーロン・マスク最高経営責任者（ＣＥＯ）もテキサス州に転居したという。

今後も企業の流出は続くかもしれない。

こんな動きもある。ＧＡＦＡを中心とする大企業周辺の家賃急騰を受けて、米ネット通販最大手アマゾン・ドット・コムは２０２１年１月に、約２０００億円超を投じてアメリカの拠点周辺に中低所得者向けの低価格な住宅を整備する方針を明らかにした。

アマゾン社員は賃金が高いが、元からいた地域に住む人々は高騰する家賃に付いていけない。ジェフ・ベゾスＣＥＯは「地域住民の安定した暮らしにつなげる」とする。アメリカではもうけを独占するプラットフォーマーへの逆風も強まっているため、そういった批判をかわす狙いもありそうだ。

アメリカで高く、日本が安いのは家賃や食事だけではない。

生活に身近になったサービスのサブスクリプション（定額課金）でも同様の傾向が見られる。アマゾンは動画や音楽配信、配送料などが無料になる有料「プライム会員」の年会費をアメリカでは119ドル（約1万2300円）で提供している。日本は2019年4月に3900円から4900円に値上げしたが、それでも大幅に安い。

もちろんアメリカで高い背景には、サービスやコンテンツの数が多いほか、広大な土地を横断する配送料が無料になるというメリットの大きさがある。

アメリカに駐在する男性によると、一般的にカリフォルニア州からニューヨークまでワイン2本を配送しようとすると、配送料は安くても25ドル（約2600円）。数日から2週間かかる場合もあり、翌日配送をお願いすると州内で約40ドル（約4100円）、州をまたぐと60ドル（約6200円）～80ドル（約8300円）かかるなど「モノによっては送料の方が高い」（男性）。そのためプライム会員の送料ゼロという付加価値が高いのだ。

一方で、アメリカほど広くないイギリス（79ポンド、約1万1200円）やフランス（49ユーロ、約6200円）、ドイツ（69ユーロ、約8700円）のプライム会員も日本より高

図表2-1　日本の実質賃金は下がり続けている（1997年＝100で指数化）

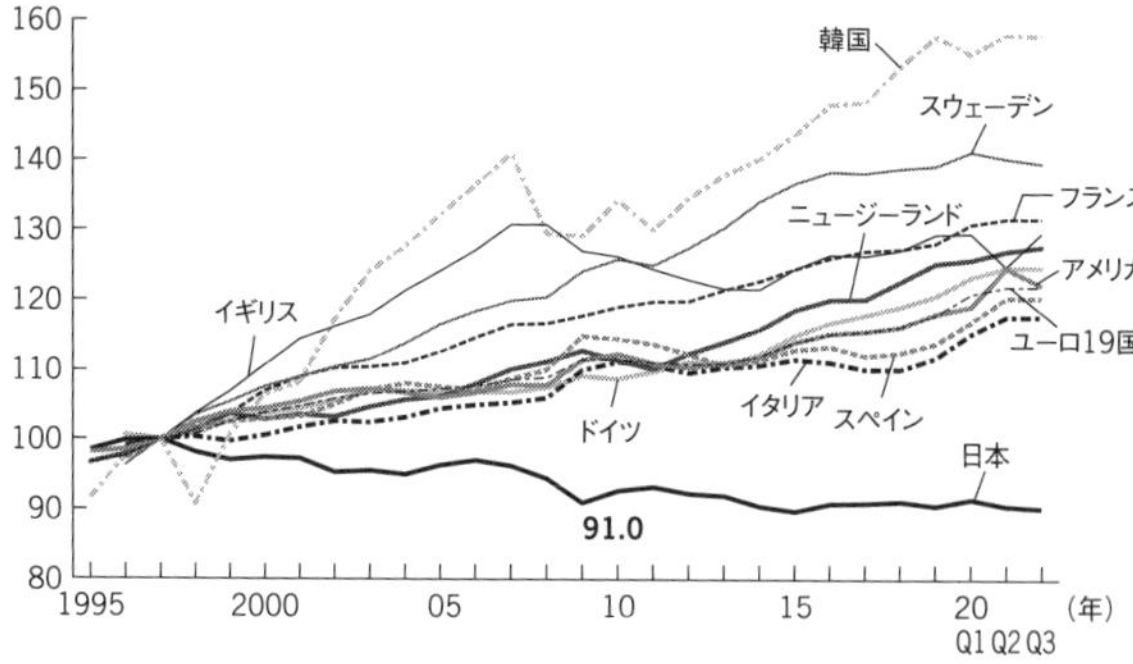

（出所）OECDなどのデータを基に全労連が作成
（注）名目賃金から物価変動の影響などを除いた実質賃金。時間当たり賃金・賞与、残業代込み

かった。やはり日本は安いのだ。

30年間、賃金が伸びない国

モノやサービスの価格と賃金は密接に結びついている。昭和女子大学の八代尚宏副学長は「日本の賃金はこの30年間全く成長していない」と指摘する。そのため、賃金がどんどん上がるアメリカなどに比べて、日本は相対的にどんどん安くなってしまった。

全労連（全国労働組合総連合）が経済協力開発機構（ＯＥＣＤ）などのデータを基にした分析によると、日本で過去最高だった１９９７年の実質賃金を１００とすると、２０１９年の日本は９０・６と減少が続く。海外はアメリカが

図表2-2　平均年収も日本は低い（2019年時購買力平価で換算）

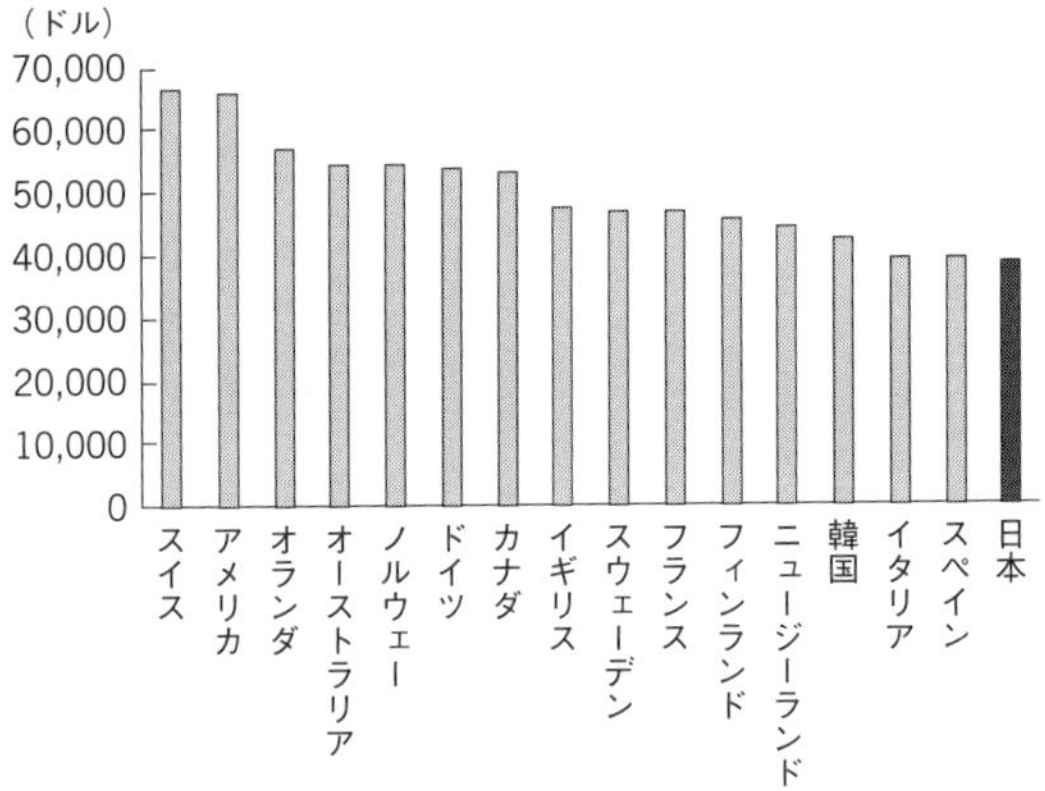

（出所）OECDのデータを用い、2019年の購買力平価レートで全労連が計算

１１８、イギリスは１２９など増加傾向にあるなか、日本だけが減っているのだ。実質賃金とはつまり、物価変動の影響などを除いたものであり、日本の賃金の安さを端的に表している。

また、２０１９年の平均賃金（年収）を、同年のアメリカドルを基準とした購買力平価（ＰＰＰ）を使って国際比較した。為替レートよりも各国の購買力の実感に近いものとなる。

するとスイス（６万６５６７ドル）やアメリカ（６万５８３６ドル）から大きく開いて日本（３万８６１７ドル）だった。韓国（４万２２８５ドル）やイタリア（３万

9189ドル）よりも安い。

つまり物価の違いがなくても、日本の賃金は安いのだ。

日本の統計で見てみよう。

厚生労働省「賃金構造基本統計調査」によると、1988年に1人あたり月額23万1900円だった基本給にあたる所定内給与の平均値は、99年に30万円を超えた（30万6000円）。だがそこからはずっと29万〜30万円台で推移し、2019年は30万7700円だった。過去最高だが、20年間で7100円しか増えていない。財務省の法人企業統計調査を見ても、企業の人件費は30年間大きく増えていなかった。

日本だけが低賃金なのは、

①労働生産性が停滞している

②多様な賃金交渉のメカニズムがない

といった点が挙げられる。

2 労働生産性が主要先進国で最下位の背景

まず①の労働生産性だ。

労働生産性とは、労働によって成果がどれだけ効率的に生み出されたかを数値化したものを指す。付加価値額（利益や人件費、支払った税金など）を労働者数で割って算出する。

公益財団法人、日本生産性本部が1時間あたりの仕事で生み出す付加価値を算出したところ、日本の2019年の時間あたり労働生産性は47・9ドル（4866円、購買力平価換算）だった。

アメリカ（77ドル、7816円）の約6割にとどまり、統計が遡れる1970年以降ずっと、なんと日本は主要7カ国（G7）で最下位が続いているのだ。OECDに加盟する37カ国中では21位だった。

1人当たり労働生産性は8万1183ドル（824万円）。日本は1990年代の初めはアメリカの4分の3に近かったが、2010年代以降は3分の2前後で推移。13年ごろから

図表2-3　日本の1人当たり労働生産性は26位で1970年以降最も低い

	1990年	2000年	2010年	2019年
1位	ルクセンブルク	ルクセンブルク	ルクセンブルク	アイルランド
2位	アメリカ	ノルウェー	ノルウェー	ルクセンブルク
3位	ベルギー	アメリカ	アメリカ	アメリカ
4位	ドイツ	アイルランド	アイルランド	ノルウェー
5位	イタリア	スイス	スイス	ベルギー
6位	オランダ	ベルギー	ベルギー	スイス
7位	フランス	フランス	イタリア	フランス
8位	アイスランド	オランダ	フランス	デンマーク
9位	オーストリア	デンマーク	オランダ	オーストリア
10位	カナダ	スウェーデン	デンマーク	オランダ
	日本（15位）	日本（21位）	日本（21位）	日本（26位）

（出所）日本生産性本部
（注）OECDに加盟する37カ国中の順位

差は開いており、近年は6割程度に落ち込んだ。今の日米格差は１９８０年よりも大きくなっている。さらに、２０１８年からは韓国にも逆転されている。日本生産性本部は「日本の労働生産性が国際的に後れをとりつつあることを示している」と端的に強調している。

最も高かったのはアイルランド（18万７７４５ドル、１９０５万円）だった。１９９０年ごろまでは日本と変わらない水準だったが、90年代後半から法人税率を抑え、米グーグルや米アップルなどの拠点を呼び込むことに成功。名目GDPも2010年から19年で2・2倍に拡大している。


生産性のデータからは、色々なことが見えてくる。

土日返上、残業必須、帰宅は週に一度——。

さすがに過去のものとなった「猛烈サラリーマン」。

昔はそんな日本を横目に、長いバカンスを楽しむヨーロッパからは「日本人は働きすぎだ」という指摘が聞こえてきていた。OECDによるとドイツやフランスの労働時間は年間1300〜1500時間程度で、日本(1644時間)よりも1〜2割短い。

なぜヨーロッパはそれで成り立っているのか。

その答えも、ひとえに生産性が高いからなのだった。

時間当たり労働生産性でみるとドイツは74・7ドルでフランスは77・4ドル。日本と同様に製造業が盛んなドイツは日本より56%も高い。

「より短い労働時間でより多くの成果を生み出すことに成功し、それが日本より多くの余暇

を得ながら経済的に豊かな生活を享受する一因になっている」（同本部）

ドイツ人の生産性が日本人より高いのはなぜか

野村證券金融経済研究所の許斐潤所長はリサーチャーとして駆け出しだった約30年前、ベルリンの壁が崩壊したころにドイツに赴任した。

当時ドイツは「年間で実質1600時間しか働かないのに、製品は高品質な国」と言われていたため、「現地でその謎を解こう」と楽しみにしていたという。片や日本人の年間労働時間は2100時間を超えていた、まさにモーレツ時代だ。

だが実際にドイツに行ってみたところ、「ドイツ人は全然働かないように見えた」（許斐所長）と振り返る。自動車工場は出稼ぎ労働者の移民ばかり。生産ラインの最後の品質検査の段階には有資格者がおり、最後の最後に彼らが作り直すことも度々あった。

これではとても「生産性大国」とは思えない。

この頃にベストセラーになった、日本の生産体制を評価する『リーン生産方式が、世界の自動車産業をこう変える。』（米マサチューセッツ工科大学（MIT）のジェームズ・P・

ウォマック氏など著）という本がある。許斐所長によると、高級車の組み立て工場における生産性（1台あたりの組み立て時間）は日本が約17時間でアメリカは約33〜38時間、ヨーロッパは約37〜111時間とされていた。

それでもドイツの生産性が高いと言われる所以は、価格にあったのだという。

自動車など多くのモノが、日本よりも高い。

許斐所長は「ヨーロッパで5倍の時間をかけて作った車も10倍の価格で売れれば、金額の生産性は2倍になる。それこそがドイツの生産性の高さの理由だった」と分析する。

特にドイツは「需要が低いときでも絶対にもうかるように」と、需要変動のボトムに合わせた生産能力で生産設備を持つ。そのため、例えば自動車ならディーラーに行くと「納期は半年後」と言われることもよくある。だが自動車に限らずドイツ製品はブランドで差別化されているので、多少の価格差で消費者が他ブランドに流れることは少ないという。

つまり、市場で欠品しても消費者は待つしか選択肢がないのだった。

一方で、日本は欠品しないように需要変動のピークに合わせて生産能力を持つため、需要が落ち込んだときに値下げをしてしまう。

「日本の生産性が低いという理由の一つは、日本の価格付けの『安さ』にある」（許斐所長）と結論づけた。

テレワークで生産性も検証を

日本の労働生産性の向上にブレーキをかけているのは、サービス産業と長い残業時間だとされる。

一般的にサービス分野は輸出入できないためグローバル化で規模の経済性を追求できない。そのため労働生産性は製造業よりも低い、というのは世界共通だ。それでも教育・社会福祉分野のサービス業で、日本の1995年から2018年までの労働生産性上昇率はマイナス0・9％で、G7で最低水準。テーマパークなど娯楽、理容店など対個人の分野でも、1995年から2009年まではマイナス2・3％、2010年以降もマイナス1・5％だ。

日本は接客業のサービスの質が海外に比べて高い。

しかしそういった質の違いを考慮したとしても、生産性が低すぎるという指摘がある。

「オンとオフの境目がなくなり、常にダラダラと仕事をしている感じがする」

都内のＩＴ企業で働く女性（34）は在宅勤務になり、業務を終了しても深夜まで上司の連絡が続くことに不満を漏らす。「通勤時間が消えて効率的にはなったが、必要以上のチャットやメールも増えて、生産性が下がった」

新型コロナウイルスの感染拡大がもたらした在宅勤務やテレワークへの大きなシフトは、個人の生産性にどう寄与するか、多くの人が興味を持つところだろう。

だが、各調査会社や企業が実施するアンケートでは、テレワークによって生産性が「上がった」とも「下がった」とも、調査によって結果はバラバラだ。なぜなら生産性は、アンケートなどの個人の「感想」では計りきることができないため。まずは結果を数値化し、データに基づき評価する仕組みの構築も重要だ。

3　人手不足が崩す年功序列

平均賃金が上がらない理由には、長らく停滞する生産性に加えて、「大企業の中高年男性の賃金が下がったことによる押し下げがある」（昭和女子大学の八代尚宏副学長）。

厚生労働省の賃金統計表をもとにした分析では、１０００人以上の企業で働く40～44歳の男性の平均年収は、２００８年の７９７万円から10年後の２０１８年は７２６万円に減少した。45～49歳も50万円ほど下がっている。そう、中高年の賃金が抑制されているのだ。

「働き方改革で残業代も減った。10年前の50代と比べて給与が少ないのは悔しい」

収益が伸び悩む大手電機メーカーに勤務する50代男性は、そう肩を落とす。

しかし、伝統的な日本企業は年齢や勤続年数と比例する形で賃金が高くなっているはずだ。

なぜ最も高い中高年男性の賃金が抑えられているのか。

八代副学長は「人手不足や外資系企業との人材争奪戦で、企業は若手の給与を上げる必要

図表2-4　この20年間、賃金は大きく増えていない

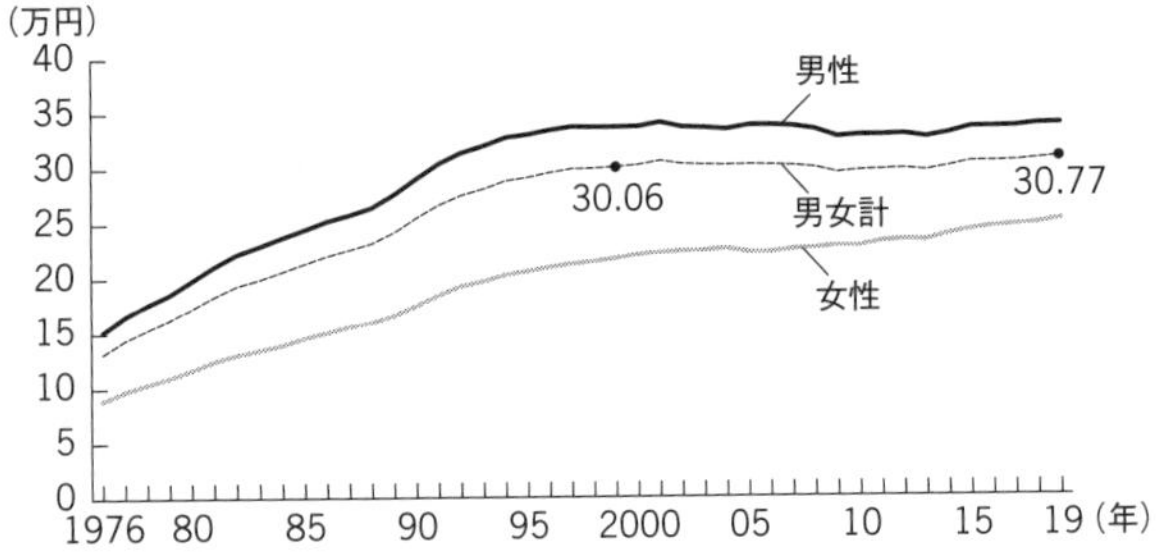

（出所）厚生労働省「賃金構造基本統計調査」の所定内給与額

に迫られている。そのためにはこれまで手厚かった中高年の賃金を抑えて、若手に再配分する必要があるからだ」と指摘する。

つまり多くの企業で初任給を引き上げたり若手の処遇改善をしたりして競い合う一方、賃金に振り向ける全体のパイは増えていないため、そのしわ寄せがボリュームゾーンである中高年に及んでいるというのだ。

実際に先ほどの分析でも、25～29歳は2018年に08年より17万円、20～24歳も15万円増えている。これまで年功序列で年齢を重ねるほどに右肩上がりだった賃金の年齢別グラフは、若手が上がって中高年が下がったことでフラット化してきた。

大企業はとにかく「若手ファースト」だ。

図表2-5　企業の人件費も横ばいが続いている

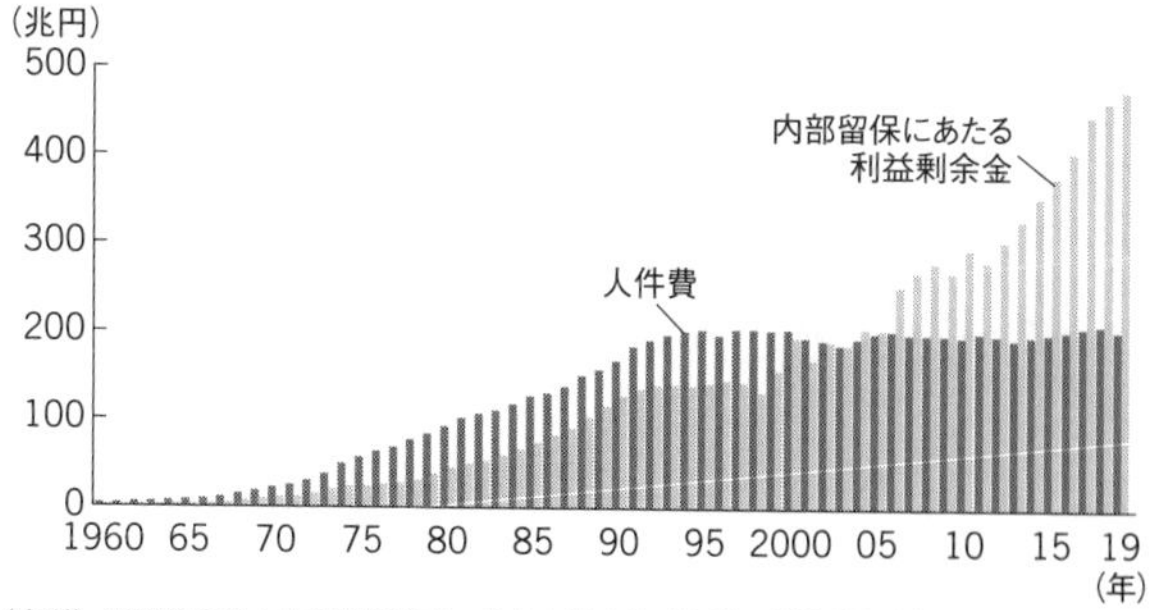

（出所）財務省の法人企業統計調査。日本企業全体（金融・保険業除く）

日本総合研究所が２０１９年に実施した調査では、約１千社の約８割が「若手の人材が不足している」と回答。確かに２０１９～20年は初任給引き上げのラッシュだった。

例えばユニクロを世界展開するファーストリテイリングは２０２０年春に、大卒初任給を約２割高い25万５千円に引き上げた。イオンリテールも２０１９年に４年ぶりの増額に踏み切り、工作機械大手のＤＭＧ森精機も、ベアによる調整を除くと13年ぶりに増額して３万１６００円高い25万円にした。

人手不足に悩む小売りやサービス、建設業だけでなく、メーカーなど幅広い業種に及んでいる。厚生労働省によると、２０１９年の初任給は大学院修士課程修了（23万８９００円）、大卒（21万２０００円）、高卒

（16万7400円）など全てで最高になった。

だが企業が成長を続けて収益を増やし続けない限り、賃金の全体パイは変わらないため、全員が底上げされるわけではない。

初任給の引き上げやベアは、固定費の増大につながる。

現場の担い手の量的な人手不足とデジタルや人工知能（AI）人材などの質的な不足に直面する企業は、背に腹は代えられなくなってきた。

例えばエーザイ。

2019年春に実施したベアは20歳～30歳代の若手を中高年より手厚くし、30歳モデルで1万6800円と高額だ。45歳以上の約300人が3月末で早期退職しており「人件費総額は変わらない」（同社）。新卒採用は例年の40人程度から100人規模に増やし、組織の若返りを進めた。

製薬業界では医師がネットで情報を集めやすくなったことなどから、国内の医薬情報担当者（MR）が5年間で3000人減った。一方でデータ分析などを含めた専門人材の必要性が増し、各社は若手の採用や教育に力を入れている。ある製薬会社のトップは「データ解析ができる即戦力の人材は高水準の給与を提示してもなかなか採用できない」と悩む。

若手不足が、年功序列を前提とした賃金制度を崩し始めている。

中高年男性は冬の時代

エーザイのように、好業績下で人員削減策を打ち出す企業が増えてきた。

東京商工リサーチによると、新型コロナウイルスが感染拡大する前の２０１９年に早期・希望退職を実施した上場企業は35社の計約１万１千人にのぼり、企業数も人数も２０１８年（12社、４１２６人）の約３倍。多くの電機大手が経営危機に陥っていた２０１３年（54社、１万７８２人）の人数を超え、６年ぶりに１万人を上回った。

対象の多くが45歳以上だ。なぜなら１９９０年代に大量に採用されたバブル世代（19年に49〜52歳）や人口が多い団塊ジュニア世代（45〜48歳）が「企業にとってのボリュームコストになっている」（日本総合研究所の山田久副理事長）。

希望退職は通常、業績悪化などで人員整理が必要になった場合に、３カ月間などと期間を限定して人数を定めて募集する。会社が退職を強制するリストラの前段階との受け止めが強い。

だが筆者がこの35社の業績を分析したところ、約6割に当たる20社で直前の通期最終損益が黒字だった。「黒字リストラ」と言える。

この20社の削減幅は約9100人で、全体の8割を占めた。最終赤字の企業は15社（43％）。東京商工リサーチの二木章吉氏は「成長分野に事業転換するため、余裕のあるうちに人員構成の見直しを進める『先行実施型』が増えている」と分析する。

例えば中外製薬は2018年12月期に純利益が2期連続で過去最高を更新したが、19年4月に45歳以上の早期退職者を募集し172人が応募した。アステラス製薬も19年3月期の純利益が前期比35％増えるなか3月までに約700人が早期退職した。

「業績が堅調で雇用環境がいいうちに人員構成を見直している」（製薬大手幹部）

「今のうちに好待遇を提示してくれる別の会社に移り、70歳まで働きたい」

2019年に、ある電機メーカーを早期退職した50歳の男性はしみじみと語る。

前職の業績は決して悪くはないが、会社が示すデジタルトランスフォーメーション（DX）に付いていけず、お荷物扱いされているように感じ始めていた。若手社員の処遇がどんどん上がっていくのを見ては、「自分が若い頃の先輩はもっと給料も良かったのに」と居酒屋でくだを巻く日々。

だが、ある時にふと思った。

人生100年時代と言うならば、もっと自分の実力を生かせる職場に移るのは今しかないのではないか。このまま会社に「しがみつく」人生でいいのか――。

まだ退職金も割り増しで好条件だった会社の早期退職に応募し、人材会社経由で中小企業に再就職が決まりそうだ。給与はやや下がっても、「大企業のノウハウを生かしてほしい」と求めてくれる企業が複数あった。

男性は振り返る。

「最初の頃は面接で『管理職ができます』と答えてしまっていた。

転職活動を通して、市場で求められるスキルを何一つ説明できないことに気がついた」

それでも自分の得意な分野を見つけ出し、マッチする企業を見つけた。「あのまま前職にいたらこういうことにも気がつかなかっただろう」と話す。

この男性のように2019年の雇用環境は決して悪くなく、黒字リストラが増えたのは長く働ける新しい環境を求める人もいたという側面もある。総務省の労働力調査では、2018年の転職者数は329万人で、8年連続で増えた。年齢別では45歳以上の転職者が124万人で5年前に比べ3割以上増えている。日本人材紹介事業協会（東京・港）がまとめた人材紹介大手3社の紹介実績でも、18年10月〜19年3月の41歳以上の転職者数は5028人で、前年同期比4割も増えた。世代別でも最も伸び率が大きい。

リクルートワークス研究所によると、企業が年功序列型から成果主義型にシフトするなかで、上場企業において40歳代で課長になる人は10年前に比べて2割減った。大久保幸夫所長は「40歳代で会社での自分の先が見えてしまい、モチベーションを持って働くために早期退職で新天地を求める人が多い」と分析する。

だが新型コロナウイルスの感染拡大による経営環境の悪化で、状況は一変した。

２０２０年に希望退職を募集した企業は91社、募集人数は１万８０００人強となった。企業数はリーマン・ショック直後の09年（１９１社）に次ぐ水準だ。直近決算で赤字も多く、「完全に不況型のリストラに逆戻りした」（二木氏）。

企業経営は新型コロナウイルスで厳しさを増しており、賃金に振り向けるパイも増えにくくなる。

年功型の賃金制度を維持できず崩れる可能性が高まっている。

4　初任給やＩＴ報酬も低い

さて、先ほど「日本企業が初任給を上げている」と述べた。

では初任給は上昇傾向にあり、海外でみても安くないのではないか。

答えはノーだ。

コンサルティング会社ウイリス・タワーズワトソンが２０１９年、世界の大卒入社１年目の年額基本給を調べた。アメリカが６２９万円、ドイツは５３１万円、フランスは３６９万

図表2-6　日本の初任給はスイスの3分の1以下にとどまる

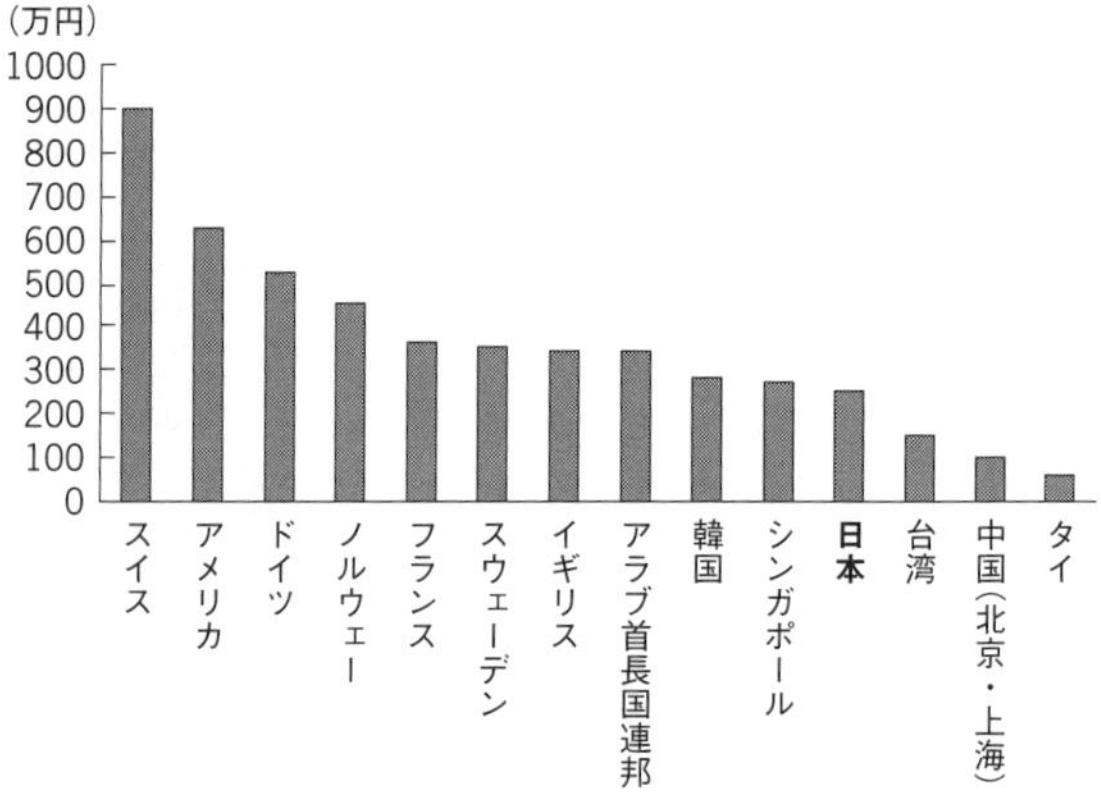

(出所) ウイリス・タワーズワトソンの「2019 Starting Salaries Report」
(注) 大卒入社1年目の基本給の年額で、残業代含まず。日本は経団連初任給調査

円、韓国は286万円。日本は経団連の調査ベースで262万円となり、14カ国中4番目に低かった。物価が高いことで有名なスイス（902万円）の3分の1だ。

同社の森田純夫シニアディレクターは「海外の初任給は日本の中途採用のように個人で異なるため、『横並びの初任給』という概念ではないことが前提にある」という。

その上で、「日本は終身雇用が前提のため、スタート地点の初任給が抑制されている可能性がある」。

最近ではソニーが2019年から個人の能力に応じて初任給を払うなど、平等原則

の「一律」を廃止する動きも出てきた。

アメリカの30歳代IT人材の年収は日本の2倍以上

初任給だけではない。

アメリカなどに比べて圧倒的な差があるのが、人工知能（ＡＩ）やＩＴ人材の賃金だ。

経済産業省によると、アメリカではＩＴ人材の平均年収は20歳代、30歳代、40歳代、50歳代の全てで1千万円を超え、ピークは30歳代の１２００万円超。

一方で日本の30歳代は約５２０万円。

日本は20歳代から階段のように積み上がる年功序列型なため、いくら若手が優秀であっても「育成中」との位置づけだ。しかし、最も高い50歳代でも約７５０万円だった。

そんな日本企業は人材確保で不利な立場に立たされている。

例えば日本を代表する大企業のＮＴＴグループ。

ＮＴＴの幹部は「研究開発人材は35歳までに３割がＧＡＦＡなどに引き抜かれる」と明か

す。新卒を大量採用して手厚く育ててきたものの、近年ではＩＴ人材の供給源にもなっているのだ。そこで若手であっても優秀な人材には３０００万円を払う制度を取り入れた。

ＮＴＴがそこまで焦る背景には、今後の競争力の源泉とも言えるＩＴ人材が日本で圧倒的に不足する未来が迫っているからだ。

経産省は、日本では２０２５年に約43万人のＩＴ人材が不足すると予測している。無人店舗や自動運転など、特にＡＩ（人工知能）は小売りや自動車など幅広い産業で必須の技術となっている。

それなのに現状、ＡＩを専攻する修士課程を修了する人は全国で毎年約２８００人にすぎない。世界の２万人余りのトップ級ＡＩ人材は、日本には３・６％しかいない。

政府は２０２５年をめどに年間25万人を育成する目標を掲げ、一定水準の教育内容の講座を国が認定する制度を導入する。企業も足並みを合わせ、官民を挙げた体制づくりを急いでいる。内閣府は「高い目標だが、このくらい育てないと日本の将来が危うい」（担当参事官）と危機感を持つ。

給与の壁が、人材獲得のネックとなる

国内育成だけに頼っていると、急スピードで変革が進む世界から取り残されてしまう。そこで多くの企業は海外のＩＴ人材を取り込みたい。

しかし人材獲得のネックとなるのが、給与の壁なのだった。

先ほど米企業などと賃金を比較したが、日本はアジアで見ても賃金の低さが目立つ。ある人材サービス大手が紹介して就職を決めた事例では、データサイエンティストは日本の年収最高額が１２００万円。中国は１６００万円だった。ＩＴ関連では香港やシンガポールで２０００万円を超えるという。

多くの転職市場を見てきたビジネスＳＮＳ、米リンクトインの村上臣・日本代表は「日本の給与の安さだと、世界で戦うグローバル人材は獲得できない」と話す。

5　インドで人材を採用できない

「反・一律」を地で行くのはインドだ。

所得格差の大きいインドでは「平均」を論じることに意味が無く、世界的な評価を受ける優秀な理系人材の初任給はアメリカ並みに高い。マイクロソフトのサティア・ナデラCEOやグーグルのスンダー・ピチャイCEOなど著名経営者を輩出したこの地で、次の逸材を探そうと世界中の企業が集結している。

その中で出遅れているのが日本企業だ。

IITハイデラバード校でも優秀な学生が学んでいる（写真は2017年）

「デイ・ワン」

これはインドの理系最高峰、インド工科大学（IIT）で就職活動が解禁になる12月1日のことを指す。

IITは2学期制のため、この頃に4年生の前期が終わって就活が始まる。就活ができる期間は数カ月続くが、優秀な学生ほど初日に決まってゆく。デイ・ワンは解禁と同日に内定が出るため、米アップルなどのGAFAからスタートアップまで多くの企業が、12億人の中から選ばれた「超エリート」を我先に採用しようと面接などの選考を仕掛ける。企業にとっても学生にとっても、運命を決めるまさに「勝負の１日」だ。

全土に計23校あるＩＩＴではこの日、学校中の教室やゲストハウスで、早朝から深夜まで筆記試験や面談が繰り広げられる。

だが２０２０年の「12月１日」はちょっと違った。新型コロナウイルス感染拡大の影響もあり、選考は全てオンラインに。学生たちは自宅や寮から、オンラインで企業担当者との面接に応じていた。

日本企業がスポンサーとなり日本を紹介する大学内カフェがある（写真は2017年）

ＧＡＦＡも喉から手が出るほどほしいＩＩＴ人材。だがここでポイントとなるのは、デイ・ワンに参加できる企業は１大学に数十社と限られている点だ。

９～11月に企業が求人票を出し、大学側が企業を選んだ上で面接スロットを割り当てる。事前に大学の査定を経て面接に挑む人材リストを提示され、当日は人事面接や技術面接、コーディングの試験などを行う。学生は特定企業の内定を受諾したら、その後他社の受験は不可能になる。

インドに詳しい人材紹介のスキルズ（東京・台東）によると、デイ・ワンに参加できる企業は学生の人気投票やオファー給与水準、ブランド力や活躍機会など複合的な要素で大学側が決めるが、明確な基準や企業数などは明らかにされていない。スキルズの西山直隆社長は「日本企業がデイ・ワンを取るのは非常に狭き門だ」と話す。2020年、スキルズの顧客であるスタートアップ2社はデイ・ワンに参加できて数人を採用したという。

だがそれはまれな例だ。

インド中南部のハイデラバード。

テック産業が盛んで、インフォシスなどの現地IT企業だけでなく、マイクロソフトやグーグルも拠点をおいている都市だ。中心部から車で走ると広大な更地のなかに、IITハイデラバード校がある。白色と赤色の似たような建物がいくつか並んでおり、まだ開発途上という印象のキャンパスだ。

関係者によると、IITハイデラバード校では2020年のデイ・ワンで、対象となる600〜700人の学生のうち約70人が内定を得た。コンピューター・サイエンス学部では、マイクロソフト、アップル、ゴールドマン・サックス、オラクル、クアルコム……。日本企業による採用はなかったもようだ。

「日本企業はそもそも知られていない。日本人がアフリカのＩＴ企業を知らないのと同じレベルで、インドで日本企業の知名度は低い」

ＩＩＴハイデラバード校の片岡広太郎准教授はそう話す。

確かに筆者が２０１７年にインドに滞在していた際、同校の学生たちに知っている日本企業の名前を聞くと、おおむね返ってきたのは「スズキ、トヨタ、ソフトバンク」の3社だった。いずれもインドで積極投資していた企業だ。一方でＧＡＦＡは早くから現地に開発拠点をおき、採用後はまず現地拠点でも働けるようになっている。

日本型賃金制度の限界

日本企業がインド人材を採用できないのは、もちろん知名度だけではなく待遇面での違いも大きい。

ＧＡＦＡなどのアメリカ企業は、トップ中のトップ人材には１５００万～２７００万円の年収を提示してアメリカ本社へと引き抜いている。ＩＩＴ以外も含めて、インドではＩＴを学んだ卒業生が年間150万人ほどおり、高度人材は10万〜20万人、そのうち特に優秀な100人前後がGAFAや大手金融に引き抜かれる構図だという。

「喉から手が出るほどほしい」

ある日本の著名スタートアップ幹部は、IIT人材を渇望する。

以前同社のインターンに参加したIIT出身者が、自社アプリの使い勝手を良くするプログラミングで抜群の実績を残したのだ。「こんなにも違うものかと驚いた」

だが彼は年収1700万円を出したアマゾンに入社してしまった。

こんなケースもある。

日本の電機大手も2018年にIITでの就活に参加したが、「現地の無名企業に負けた」と悔しがる。

その「無名企業」が提示したのは年800万円で、自分たちは日本の新卒初任給600万円だった。

なぜなら定期昇給や一律のベアなど、日本の賃金は横並びが原則。

「日本で上司よりも給料が高いなんて周囲が受け入れられない。

彼らだけ飛び抜けて高い賃金を払う制度になっていない」(人事担当者)ためだ。

そんな日本企業を横目に、IITでコンピューター・サイエンスを学んだ学生の多くがアメリカ企業に就職していく。元ソニーでインドのIT業界に詳しい武鑓行雄さんは「物価も賃金も上がっていない国(日本)に魅力は無い。採用したいならば魅力的な技術やキャリアパスを用意しなければだめだ」と話す。

ある日本のソフトウエア大手は数年前にインド人技術者を大量採用したものの、「単純な開発作業しか任せなかったので退職が相次いだ」(競合企業)。そのため人材の草刈り場になっているという。

日本企業の認識の違いや課題はどこにあるのか。

スキルズは、インドの難関大学を出て日本企業に数年以上勤務しているインド人約60人と、インドの高度人材を採用している日本企業約30社に調査を行った。

すると85%の企業が、「今後もインド人材の採用枠を拡大や維持したい」と前向きに答えた。

しかし、インド出身の高度人材の53%が、パフォーマンスに対する給料の満足度において

「改善の余地あり」と回答したのだ。彼らに「企業に評価されていると考える評価指標」を聞いたところ、「個人の成果」は7位（25％）にとどまり、「チームとしての成果」（1位、70％）などに比べて重要視されていないと感じていた。

要するに「個人の実力は評価されていない」と思っているようだった。

日本企業に必要なのはマインドチェンジだ。

武鑓さんは「インドの若者は欧米企業への就職を目標に勉強していることを、日本企業はいまだに理解していない」と断じる。

例えば、ＩＩＴで募集する採用条件に「日本語を話せる人」と出す企業がある。「米スタンフォード大学でコンピューターを学んだ学生に『日本語を学んできてね』という企業があるだろうか。東南アジアだとそれで採用できる地域もあるかもしれないが、インドはもはやそうではなく、時代錯誤もはなはだしい」（武鑓さん）

スキルズは２０２１年3月から１００社以上の日本企業に、ＩＩＴ学生をマッチングする事業に乗り出す。ＩＩＴでの企業の採用活動はブラックボックスとなっており、各大学によってフォーマットも違う。インナーサークル（内輪）に入れなければ採用が難しい面もある。そこで大学側の就活情報を日本企業が閲覧し、会社情報やインターンシップの募集を学生に提示できるプラットフォームを構築。学生はそこで履歴書などを登録・応募できる仕組みだ。既に20社が利用を希望しているという。

海外人材を取り込むメルカリ

だが海外人材は採用しただけではなく、定着への努力も必要だ。

そんな中で海外人材をうまく取り込んでいるのが、フリマアプリのメルカリ。

「メルカリで働きませんか」

2018年、埼玉大でコンピューター・サイエンスを教えていたラム・アントニーさんのリンクトインのアカウントに一通のメッセージが届いた。

当時、急成長するAI開発のスタートアップからも引き抜きの誘いが来ていたが、3度の面接を経てメルカリを選んだ。アントニーさんは「豊富な消費者データを扱えることが魅力で、年収もかなり上がった」と話す。

同社の約50人（2019年秋時点）のAIチームはほとんどが引き抜きの精鋭だという。例えばメルカリでモノを出品するとき、写真をアップすると自動で「レディースのワンピース」などと推測してくれる画像認識機能などにAIが使われている。

メルカリの担当者は「AIを学ぶ人は増えたが、サービスに実装できる人はまだ少ない」と話す。

2019年には機械学習のライブラリー「サイキットラーン」の原作者、ダビド・クルナポさんも入社し、技術者界隈ではメルカリの「人材求心力」が話題となった。

同社の2020年9月時点連結従業員数は約1800人で、3年間で2・5倍に増えた。東京で働く技術者の5割が、外国人だ。

人事担当者は「せっかく獲得しても活躍してもらえなければ意味が無い」とし、外国人がすぐに仕事に集中できるよう、先輩社員がマンツーマンで「バディ」を組んで仕事以外の日本生活をサポートしている。

外国人のつなぎとめには多様性を認める職場作りが必要で、現状はスタートアップや若い企業の方が得意であるようだ。

企業だけでなく、人材を育成すべき大学にも課題は多い。

多くの大学では、ＡＩ人材を育てられる教員が不足しているのだ。

若手研究者が、待遇の良い企業の研究所などに移る動きが目立つことが理由だ。研究者の間では「人材育成を担当できる大学教員は全国で１００人程度」との見方もある。裏を返せば、日本の大学はそれだけ報酬が低いということでもある。

大学は海外から教員を招く動きを強める。

「ぜひ長崎で教えてほしい」

２０１８年に長崎大学グローバル連携機構にいた松島大輔教授（現在は金沢大学）は当時、ＩＩＴハイデラバード校を訪ねた。深層学習などが専門の30歳代のインド人研究者らを、新設学部の教員として長崎に呼び込むためだ。インドのほか中国、タイなどで教員を探し、中長期的には多くを外国人教員にする考えだった。

「そうしなければ国内に教員が足りない」（松島教授）

6　横並びの賃上げ交渉

海外人材を買い負けている日本企業は、なぜ優秀な人材に高額報酬を提示できないのだろうか。

その要因は、賃金制度も含めた日本型雇用そのものにある。

そしてこれは、91ページで述べた、「②多様な賃金交渉のメカニズムがない」ということにもつながっている。

日本の大手企業の賃上げは、労働組合が使用者（経営側）に月給などの労働条件を要求して交渉することが一般的だ。年に1度の大々的な交渉を「春季労使交渉」「春闘」と呼び、労組の交渉力を高めるために、電機や自動車などの産業別に組織して足並みをそろえている。

そこで焦点になるのは、給与を一律に引き上げる「ベア（ベースアップ）」や勤続年数や年齢の増加に応じて賃金が増える「定期昇給」。年功序列は終身雇用、企業内労働組合とあわせて、日本型経営を支える「三種の神器」とされてきた。

定期昇給制度は人材の定着につながり、長期的な視点で育成できるとされ、終身雇用を前提とした日本企業にはマッチしていた。高度経済成長期を支えた制度として国際的な評価も高かった。

だがそれも今や昔。

個人の成果や能力と処遇が結びつかないため、近年では「労働意欲が高まりにくい」と批判が大きくなっている。社員の高齢化に伴って、人数が多い中高年男性の定期昇給分も含めた給与は「企業にとってはボリュームコスト」（日本総合研究所の山田久副理事長）。その結果生まれたのが、先述した「黒字リストラ」だ。

「横並びの賃上げ」を象徴する春季労使交渉は、1955年に「55年体制」の一環として8つの産業別労組が一緒になった「八単産共闘会議」の賃金闘争に始まる。それ以降は鉄鋼や自動車など「パターンセッター」と呼ばれる先導役が回答額を引き出し、他産業に波及させてきた。第1次石油危機後には4割を超える賃上げ目標率を設定したこともあった。しかし2002年以降は、主要企業の賃上げは1%台で推移するなど交渉は停滞してきた。

ここ数年は変化もある。

第2次安倍政権の発足後、2013年に政府が経済界に賃上げを要請したのだ。政府が介入したことで「官製春闘」と呼ばれ、安倍晋三前首相は2018年には「3%の賃上げ」を直々に強く訴えた。数値目標を示すことは異例のことだ。政府介入で14年からは賃上げ率を2%に乗せたが、「首相の意向を反映できる『大企業』だけの賃上げにすぎず、中小企業や非正規には波及しなかった」（労働組合幹部）との声が上がる。

官製春闘は、安倍政権と経済界との蜜月の象徴とも言える。だが連合の神津里季生会長は「『官製春闘』というミスリーディングが、結果的に安倍政権のあだとなった」と批判する。

つまり、「『2%』は首相の意向を反映できる『お友達大企業』の賃上げにすぎず、世の中全体には広がらず、物価上昇にはつながっていない」というのが、労働界の大勢の見方だという。

２０１３、14年にデフレ脱却を目指す「政労使会議」が開かれたことで、一定の賃上げの流れができたのは事実だろう。当時、神津会長は「中小企業の生産性向上や非正規の処遇について分科会を設け、15年以降も深掘りすべきだ」と強調した。

だがその意向は届かず、それから政労使会議は開かれていない。

神津会長は「政府は大企業から中小に波及する『トリクルダウン』という旧来型の手法に固執しすぎて、踏み込むべき議論を怠った」と指摘する。

賃金をめぐっては、２０１９年に政策の基本となるべき毎月勤労統計調査のずさんな管理も露呈した。年３％程度を引き上げてきた最低賃金も、２０２０年は新型コロナウイルス禍で政府は「雇用維持を優先すべきだ」と方針転換。神津会長は「ニューノーマル（新状態）でも賃上げを継続しないと地方は人手を確保できない。自ら賃上げを断念したという点で、最後にアベノミクスは白旗を上げたも同然だ」と断ずる。

7 「ボイス」を上げない日本人

昭和女子大学の八代副学長は「春季労使交渉は大手企業、中高年男性、正社員のためのものでしかない」と強調する。

労働組合に加入している人が雇用者全体に占める割合を示す「組織率」は戦後50％を超えたが、2000年は21・5％、20年は17・1％に低下。

20年の女性の組織率は12・8％、パートタイム労働者の組織率は8・7％と低い。両方増えてはいるものの、組合が「男性正社員クラブ」と皮肉られるゆえんだ。

今や日本全体の雇用者の4割を非正規が占め、働く人手が外国人労働者などにも多様化するなか、春闘のような画一的な賃金交渉だけでは、こういった人材のニーズに対応しきれているとは言いがたい。多数派から外れれば外れるほど、自助努力が必要な社会でいいのだろうか。

さらに1000人以上の大企業だと推定組織率は41・8％と高いが、99人以下だと0・

9％しかない。「サプライヤーなどの中小企業は、帳簿など給与の実態管理すらできていない会社もある」（自動車総連幹部）。丼勘定では、労使交渉どころではないだろう。

企業内組合や産業別組合の賃上げシステムは、戦後は確かに機能した。だがこういった集団的な労使交渉メカニズムが弱体化して久しいのに、それに代わる個別の交渉手法が発達してこなかったことも問題だ。

リクルートワークス研究所の中村天江・主任研究員は「転職時も入社後も、価格交渉を明示的にやり取りするという慣習が日本だけに無い」と指摘する。

それが日本だけ賃金が上がっていない大きな理由だという。

「賃上げを求めたことはない」人が約7割

同研究所が2020年に日本、アメリカ、フランス、デンマーク、中国で行った「5カ国リレーション調査」では、労働者が入社後も賃上げを求めた人は日本以外だと約7割以上いたが、日本はたったの3割だった。

図表2-7　日本は賃上げを求めたことがない人が7割にのぼる

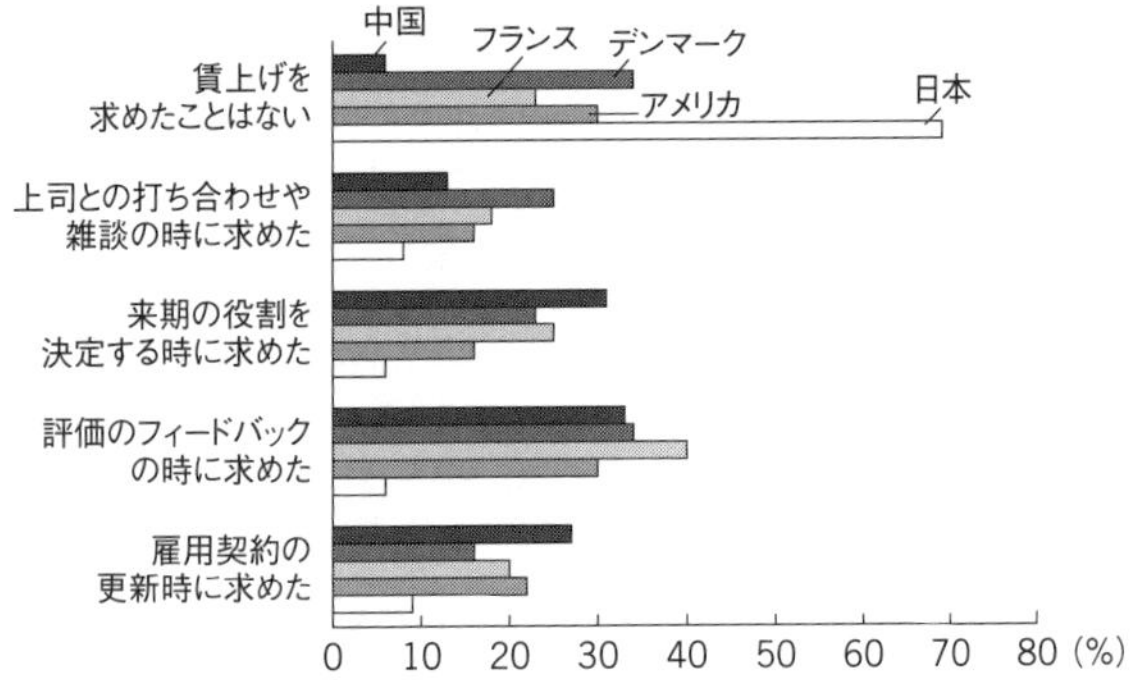

（出所）リクルートワークス研究所（2020）5カ国リレーション調査
（注）転職者のみ集計

日本では「自分で賃上げを求めたことはない」人が約7割にのぼる。

中国は6％、フランスは23％と少数派だ。日本以外はいずれも「評価のフィードバックの時に求めた」人が3割以上、人事との面談以外にも「上司との雑談時に求めた」人も13〜25％いた。

日本は転職を考えた時に賃上げを求めた人も5％しかいない。

だが、日本含む全ての国で、転職時に自分の希望を伝えたことで希望がかなった確率が高くなっている。

海外では転職時に希望を伝えて給与が上がっている人が多いことを考えると、日本は労働者

図表2-8　転職による年収変化

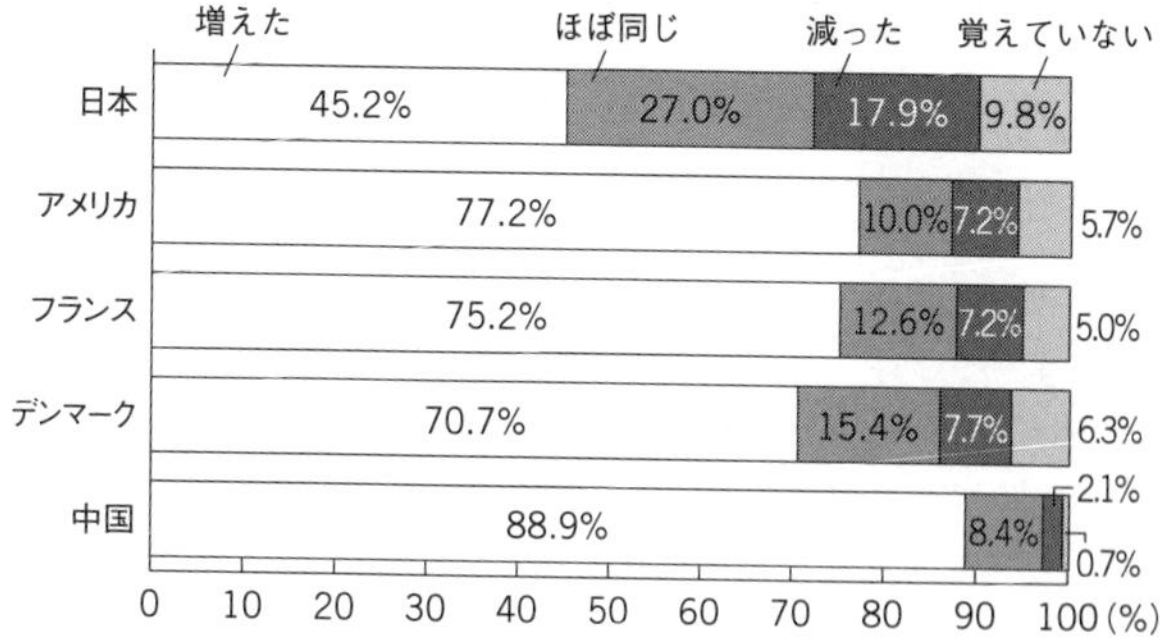

(出所) リクルートワークス研究所 (2020) 5カ国リレーション調査
(注) 週労働20時間以上の転職者のみの集計

の流動性が低いことも、低賃金と密接に関係していそうだ。

とはいえ独立行政法人の労働政策研究・研修機構によれば、日本の雇用者の勤続年数は4年以下が2017年に既に34・3%に達している(アメリカは52・4%)。

にもかかわらず、リクルートワークス研究所が転職による年収変化を聞いたところ日本は「増えた」が45・2%で、5カ国中で最下位。アメリカは77・2%、中国は88・9%が転職時の年収アップに成功している。

日本は転職で「減った」人も17・9%もいるという、驚きの結果となった。

転職時の交渉で注意すべきなのは、日本は前職の給与がベースになることが多い点だ。前職が日本型企業ならば、女性や若者の給与は色々な要因で抑えられていることが多い。すると「前職給与の水準で来て下さい」となると給与が低いままになる。

今後は企業側が、採用時に能力をちゃんと市場価格で評価するような仕組みも必要だ。

「宅配クライシス」と日本人の国民性

海外ではアジアも含めてほとんどの企業が、成果に応じて処遇する「ジョブ型雇用」のため、「自分のキャリアは自分で作る」という文化的背景がある。

あるＩＴ大手の元役員は、代表を務めていたベトナムのオフショア（海外委託）拠点で驚いたことがある。

「なぜ同じ仕事なのにあいつと給与が違うんだ」

着任してすぐ、ベトナム人のエンジニアからそうやっていきなり詰め寄られたのだ。

ベトナムは雇用の流動性が高く、同じ会社の従業員が互いに給与を見せ合う文化があるという。納得できる説明を上司ができなければ、その従業員は他社に転職する。

「インフレ率も高かったので、給与を年間7%ほど上げなければ次にいってしまう」
そんな時、日本企業は見ていることしかできない。
ある日本の大手証券会社の幹部にも複雑な思い出がある。
中国拠点の駐在時に、現地採用社員が中国企業からの引き抜きにあった。
提示されたのは2～3倍の年収だったという。
「引き留めてもうちじゃそんなに出せない。
『良かったね』と言うしかなかった」と苦笑する。

このように日本の「賃金の安さ」は、人件費や制度が硬直的なため企業が柔軟に増やせないことに加え、多様な賃金交渉の風土がないことも大きな理由となっている。
どうして日本の労働者は賃金について、声を上げられないのだろうか。
①正社員は新卒で入社すると、企業の賃金制度に乗ってほぼ横並びで待遇が決まっていること
②雇用が流動化していないため、他社に比べて自分の賃金がどうなのか分からないこと

この2点が理由として挙げられそうだ。

このような日本では、「仮に声を上げても、むしろ不利益を被る可能性がある」という恐れもある。

なぜなら日本人は個人単位での賃金交渉の仕方や言い回しのノウハウがないため、「お金のことを言ってくる人は面倒くさい」と見られてしまう可能性がある。

近年物流業界で、人手不足による「宅配クライシス」が起きた。

荷主からの価格引き下げのプレッシャーが大きいため低単価で受注せざるを得ず、その結果、賃金も安くなってドライバーが集まらない――という構図だ。

この受け身の構図は、「賃金（価格）交渉をできない」という点で世の中の働く個人と共通する。

入社時に賃金のことを言い出したら企業が「面倒くさいやつ」とレッテルを貼り、不本意な異動に結びつく可能性もある。一方的な上意下達が染みついているのは、ビジネススキームの問題というよりも国民性に近いかもしれない。そして、エッセンシャルワーカーほどその傾向が強いという。賃金を健全に交渉して循環する流れを作る必要がある。

これまで日本で賃金への声を上げる手法は、集団的な労使関係に重きがおかれていた。しかし雇用が流動化してきたいま、入社した後のベアだけでなく、転職後に新たに雇用契約を結び直すときの交渉も重要視すべきだ。

中村氏は「人材が多様化して働き方が違うと個人が求めることも違う。価格交渉のタイミングも含めて一律交渉から脱却すべきだ」と話す。個別性が強い賃金交渉が求められている。

20世紀の政治経済学者、アルバート・ハーシュマンは「Exit, Voice, and Loyalty」という書籍で「退出――発言モデル」を説いた。

つまり企業活動で組織内に不満があれば生産性が落ちるため、企業を去って他に移る「退出（exit）」、企業内にとどまって「発言や告発（voice）」することで不満の源を改善するやり方がある、ということだ。

「ボイス」が届かなければ労働者は「出口」から出て行く。

希望は伝えた方がかなう確率が高くなる。
発展型キャリアの形成には、「ボイス」を上げることが不可欠だ。

8 ジョブ型で全て解決？

さて、2020年に新型コロナウイルスの感染拡大がもたらした働き方への影響には、テレワークと並んで「ジョブ型への移行」が挙げられるだろう。また同時に、テレワークでも生産性を高めるために、個人の成果に基づいた評価システムへの注目も高まっている。

だがそれより前の2020年1月。

経団連は既に、春季労使交渉の経営側の指針となる「経営労働政策特別委員会報告」で日本型雇用制度の見直しとともに「ジョブ型雇用は高度人材の確保に効果的な手法だ」と明記していた。

ジョブ型とは、職務を明確にした上で最適な人材を配置する雇用形態だ。ある職務の内容を細かに記載した「職務定義書（ジョブディスクリプション）」を提示して社内外から人材を募り、そのジョブを遂行するスキルをもった働き手を当てはめる制度だ。海外ではアジアも含めてスタンダードな仕組みとなっており、ジョブによっては高額な給与を提示して必要な人材の確保につなげている。

対して日本企業は職務を限定せず、企業が新卒を一括採用して1から人材を育てる「メンバーシップ型」と呼ばれる。終身雇用を前提に社員の立場は安定的だが、転勤や配置転換などの業務命令に従わざるを得ない「無限定正社員」が一般的だった。

経団連が示すやいなや、日本企業は一気に動いた。

まず経団連の中西宏明会長が率いる日立製作所や三菱ケミカルなどの大手企業が次々とジョブ型雇用の導入を表明。米系人事コンサルティング大手マーサーの日本法人が２０２０年８月に国内主要約２４０社を対象に実施した調査では、３～５年後にジョブ型を導入する企業の比率は管理職（ラインマネージャー）で36％から56％に、非管理職（総合職）で25％から42％に高まるという。

「ロール型雇用」も一考を

「せっかく優秀なシリコンバレーのエンジニアを現地拠点が高額で引き抜いても、日本本社は報酬体系などの運用が異なるため、日本で働いてもらえない」

米ビジネスSNS、リンクトインの村上臣・日本代表のところには、日本企業の幹部からこういった相談が頻繁に届く。

日本の賃金制度では一人だけ飛び抜けて高い給与を払えないためだ。賃金以外にも、異動や転勤など会社の指示に働き方を委ねる日本式のメンバーシップ型雇用は、「外国人には異様に映る」(村上代表)。

こういった悩みを持つ大企業にとっては、ジョブ型の導入で優秀な人材をつなぎとめやすいかもしれない。

ただし村上代表は「ジョブ型の導入でこのような問題が全て解決するかと言うと、一概にそうではない」と警鐘を鳴らす。

ジョブ型を取り入れたにもかかわらず、その日本企業に年功序列や年次主義といった不透明な評価基準が残ってしまうと、グローバルの転職市場で日本企業は不利なままだ。それどころか（国内しか通じない）ガラパゴスを脱したことで、優秀な日本人が海外企業のジョブに流出しかねないという危険性もある。

つまり企業は形だけジョブ型にするのではなく、企業と従業員がフェア（公平）な関係になるような透明性の高い人事制度の構築が不可欠になる。「そうした上で給与が同じ水準ならば、『物価が安くて安全な日本』で働くことは外国人に魅力的に映るだろう」（村上代表）

またジョブ型雇用は、職務分解や職務記述書の策定が大きな負担になる。

そのため最先端の事業をグローバルに展開し、好待遇で抱えたい人材群がハッキリしている大企業向けの雇用形態だと言える。大手企業ですら「膨大な職務記述書の用意がとても間に合わない」（ジョブ型を導入する製造業大手の人事担当者）という悲鳴も漏れる。

中小企業や、個人の自律性や生産性を高めたいだけの企業にとっては、組織内の従業員それぞれが担う役割をハッキリさせて、日々のマネジメントや評価、処遇との連動を強化する「役割型雇用」で十分だという意見がある。

これをリクルートワークス研究所の中村主任研究員は「ロール型雇用」と定義する。

人材を起点にしているという点で、「日本的ジョブ型雇用」、つまり日本型雇用とジョブ型雇用のハイブリッドとも言える。また、今後はセーフティーネットをどう準備するか、金銭的解決も含めた解雇規制の議論も必要だ。

いずれにせよ、企業はまずどういう雇用で何をしたいのかを考えて、制度を慎重に決めるべきだ。そして企業が成果に基づいて給与を引き上げるという判断をした場合、労働者である個人もこれまでとは異なる意識改革が迫られる。

真の「豊かさ」とは——「やりがい」や「余暇」への満足度も低い

興味深いデータがある。

リンクトインが「人生で成功するために重要なもの」を22カ国の3万人以上に聞いたところ、日本も含めた世界共通の首位は「一生懸命働く」だった。世界では次いで「変化を喜んで許容すること」や「人脈」などが並ぶ。

だが日本だけ、2位は「運」だったのだ。

「配属もキャリアも運頼み、という衝撃的な結果だ」（村上代表）

いかに日本の労働者は会社や外的要因に任せていたかを物語る。

1990年代前半にバブルがはじけて、企業の人件費に対する考え方がシビアになった。非正規化も進み、国際競争力を上げるためにコストである人件費を削減することが「経営努力」だと見なされてきた。

だが一時的に利益が上がっても、生活に苦しむ人々が増えている。

社会全体で見た時に、それがサステナブル（持続可能）かというのは改めて問い直されている。


「日本は給与よりもやりがいを重要視する文化だ」

海外との賃金差の記事について、こういった反応が多く寄せられる。

国土交通省の2020年の調査では、日本人は「賃金・給与」への満足度はイギリス、フランス、ドイツの4カ国中で最下位だった。

それでも「賃金以外の楽しみ」が充実して人々が幸福なのであれば異論はない。

図表2-9　日本は賃金だけでなく「やりがい」や「余暇」への満足度も低い

		賃金・給与	労働時間	仕事のやりがい
日本	首都圏 (n=1605)	4.73	5.95	5.43
	首都圏以外 (n=1608)	4.48	5.89	5.51
イギリス	首都圏 (n=807)	6.10	6.60	6.07
	首都圏以外 (n=800)	6.35	6.75	6.06
フランス	首都圏 (n=860)	5.79	6.27	5.93
	首都圏以外 (n=796)	5.82	6.47	6.12
ドイツ	首都圏 (n=880)	6.25	6.84	6.50
	首都圏以外 (n=871)	6.21	6.92	6.44

		居住スペース	住まいの周辺の環境	レジャー・余暇
日本	首都圏 (n=2186)	6.05	6.34	5.67
	首都圏以外 (n=2190)	6.25	6.39	5.66
イギリス	首都圏 (n=1073)	6.93	6.68	7.05
	首都圏以外 (n=1091)	6.90	6.74	6.88
フランス	首都圏 (n=1077)	6.82	6.64	6.71
	首都圏以外 (n=1093)	7.01	6.91	7.03
ドイツ	首都圏 (n=1082)	7.27	7.39	7.02
	首都圏以外 (n=1099)	7.38	7.38	7.17

（出所）国土交通省「企業等の東京一極集中に関する懇談会」第4回資料
（注）「不満」を1、「満足」を10とした場合の10段階の回答を平均。首都圏か首都圏以外かは在住地。2020年9～10月実施。一部を抜粋

しかし、「レジャー・余暇」「生活全般」への満足度も最下位だったのだ。

つまりお金の豊かさもなければ、精神的な豊かさもないとも受け取れる。「『自然と四季があるから豊かな国』という古い価値観から抜けきれずにいると、このままでは本当に貧しい国になってしまう」（リクルートワークス研究所の中村主任研究員）

豊かさを語る時、賃金は避けて通れない。

企業が発展しても賃金が低いと個人が幸せになれない。

個人が幸せにならないと企業は行き詰まる。

「物価上昇分の賃上げ」だけでなく、個人が努力して得る「スキルアップ」に対する正当な評価としての昇格や昇給を徹底するときに来ている。

インタビュー

「まず『賃金は上がるもの』というコンセンサスを作ること」

中村天江
リクルートワークス研究所・主任研究員
なかむら・あきえ
1999年リクルート入社、2009年からリクルートワークス研究所。労働・人材関連の政府の委員などを歴任

経済協力開発機構（OECD）のデータを見ると、いまや日本の平均賃金は主要7カ国（G7）で最下位だ。そもそも他国の労働者は賃金について「右肩上がりが当たり前」と思っているが、日本だけは「変わらないことが当たり前」で、捉え方が根本的に異なっている。それどころか日本は実質賃金でみると緩やかに下がってしまっているのに、労働者が反発の声をあげていない。まずは「賃金は上がるもの」というコンセンサスを作ることが必要

だ。

日本では企業の「言い値」で働く労働者の生真面目さが、仕事内容に見合っていない低賃金に結びついてきた。

特に雇用が流動的ではない分野だと、賃金の見える化がされていないので気付けない。例えば新型コロナウイルス禍で病院がボーナスを支払わないなど、医療従事者たちの悲惨な窮状を目にして驚いた人も多かったのではないか。一般企業でも「あの窓際部長は年収１５００万円だよ」と知れば目が覚める人がいるのではないだろうか。賃金の相場データが流通していないから、個人が寝たまま起きていないという側面がある。

これまで労働組合など団体で交渉してきたが、これからは賃金も労働環境も、個別の交渉が必要な時代だ。人手不足で若者からシニア、グローバル人材など多様な人々が働くようになると、介護や育児などの事情や環境も個人によって異なる。非公式なものも含めれば個別交渉はいまも様々行われているし、海外では賃金の個別交渉も一般的だ。日本でも労働条件の個別交渉の仕組みを社会全体で共有して適用しなければならない。

企業にとっては、シニアの雇用延長や非正規の格差是正で総人件費が上がらざるを得ず、悩ましい面もあるだろう。だがやみくもに上げるのではなくて、報いるべき人材には報いるといった、高く払うことも含めた最適分配にシフトすることが重要だ。高い賃金を出さなければ良い人材を採用できず、そうするとイノベーションも生まれなくて企業の競争力が下がる。賃金についても「投資をしてその対価を得る」という逆回転を回していく努力をしないと悪循環から抜け出せない。

日本は「お金が全てじゃない」という考え方が根強く、企業への過度な忖度《そんたく》が働きすぎている。お金が全てじゃない一方で、生活や余暇への満足度も低い。

果たして日本人の豊かさは何なのか、再定義すべき時にきている。

「日本型雇用は、あまりにも特殊すぎる」

村上臣
米リンクトイン・日本代表
むらかみ・しん
大学在学中にベンチャー企業の電脳隊を仲間と設立。2000年ヤフー入社、12年から執行役員でモバイル事業の企画戦略。17年から現職

日本がグローバルな人材獲得競争で買い負けていることの要因として、給与の安さと、日本型雇用があまりにも特殊すぎるという2点は密接に結びついている。

まず給与だ。

リンクトインに掲載されているIT関連のエンジニアやプロダクトマネージャー、データサイエンティストの求人情報を分析すると、日本の給与は米シリコンバレーよりかなり安い。

一方でアリババ集団や動画投稿アプリ「TikTok（ティックトック）」を運営するバイトダンスなどの中国勢は、シリコンバレーとの人材獲得競争で給与を決めているので高給だ。イ

ンドも各事業の最高責任者「CxO」などのトップクラスは、シリコンバレーと同じ給与水準となっている。

給与以外でも不利なのが働き方だ。

外国人からすると、会社に業務内容や勤務先を委ねる日本式のメンバーシップ型雇用は理解できない。欧米だけでなくアジアも含め、外国人は「自分のキャリアは自分で築く」のが主流。そんな彼らにとって、せっかく専門分野に磨きをかけてきたのに「来春からは別の部署ね」、あるいは都内に一軒家を買って家族設計をしていたのに「来月から北海道に転勤ね」と言われるような日本で働こうとは思えないのだ。

もちろん、日本人が享受してきたメンバーシップ型雇用の待遇は決して悪くはなかった。終身雇用を前提に、家賃補助や住宅ローンの優遇金利、家族手当、系列会社での葬儀など、大企業ではまさに「ゆりかごから墓場まで」というパッケージで福利厚生が提供されていた。ベースの給与は低くても、家族全体でコストがかからないように「見えない部分の年収」があり、そうでない企業に転職するとなくなってしまうリスクがあった。

だがそれは戦後、製造業を中心に「夫が工場で働いて妻が家庭を支え、家族ぐるみで会社に貢献せよ」という前提で成り立っていた。

その結果、現代の女性は仕事と家事の両立負担が不当に重く、戦後の日本が作り出したシステミック・レイシズム（システム化された人種差別）とも言えるだろう。デジタルトランスフォーメーション（ＤＸ）の時代とともに、社会構造も根本的に変えていかないといけない。

そうなると、個人も会社任せにせず、自分の市場価値を高め続けることが重要だ。自分のキャリアは自分でしか作れない。

海外では転職する気がないときでも社外情報を収集し、常に自分の市場価値と向き合うのが一般的。私自身も社会人になってから毎年末、１年間にどれだけ成長したのか振り返り、職務経歴書をアップデートすることが習慣になっている。

「賃上げは、政・労・使の3者で考え方を合わせることが重要だ」

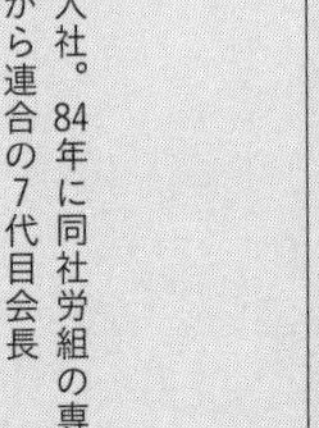

神津里季生
連合・会長

こうづ・りきお
1979年東京大卒、新日本製鉄（現日本製鉄）入社。84年に同社労組の専従に。基幹労連中央執行委員長などを経て、2015年から連合の7代目会長

企業にとって「（賃金を）上げなくてもいいなら上げない」という状況が長らく続いたため、日本の経済が沈んで他の先進国との格差が開いた。個々の企業にとっては都合のいい対応をしても、経済全体で見ると悪い結果となる、まさに「合成の誤謬（ごびゅう）」だ。

1997年以降、日本の賃金が下がり続けている理由の1つには、いわゆる非正規雇用の拡大がある。

目先の利益を追求する企業にとっては都合のいい労働力だが、働く側からすると、使用者の都合で期間や契約などが変わり、「もうあなたはいらないよ」と打ち切られる不安定な雇用形態だ。労働市場のメカニズムが機能していれば、「不安定なのだから高い賃金を出して

くれ」となるはず。だがそうはならずに、処遇条件が悪い非正規雇用の割合が、もともと雇用者全体の2割ほどだったところから増え続け、今では4割を占めるまでになった。こうして賃金が下がった。

賃上げは国民経済において大きな要素となる。

だからこそ単なる労使交渉の結果の集積ではなくて、政（政府）・労（労働者団体）・使（使用者団体）の3者で考え方を合わせることが重要だ。

第2次安倍政権は２０１３年、14年と政労使会議を開き、それによって春季労使交渉で賃上げの流れができたのは事実だ。だが中小企業の生産性向上や非正規の働き方など重要なテーマが山積しているにもかかわらず、結局2年間しか開かれず、分科会に発展することもなかった。そのため世の中全体の賃上げ機運を高めることにはつながっていない。

連合としての春闘だけを見ると、中小企業のベアが大手を上回ったり、有期雇用の時給単価が正社員よりも大きく上がったりといった格差是正を進めてきたが、そもそも日本の労働組合組織率自体が大企業に偏っている。労使の交渉結果を社会全体へとどう波及させていくか、政労使での議論が必要だ。フランスは労組の組織率は全体でも7％と低いが、労働協約は9割以上の労働者に拡張適用される。そのような合意形成も参考にすべきだろう。

新型コロナウイルスで「賃上げどころか経営が危うい」という経営者もいる。だが影響が比較的軽微な産業など、賃金を上げられる企業は上げていかなければ、日本経済がまた弱まってしまう。

賃上げの好循環を生み出すには、個人が安心して声を上げられる社会をつくっておくことが必要だ。そのためにも雇用のセーフティーネットは不可欠。個人にタブレット（多機能端末）を貸与して技術を磨いてもらい、生活ができるようになったら返却してもらう仕組みなど、職業教育や就労支援を通じて本人のやりたい仕事と世の中で必要とされている仕事をマッチングする制度を政府として進めるべきだ。

第3章
「買われる」ニッポン
外資マネー流入の先に

埼玉県川口市の町の一角。
付近は中国語の看板ばかり。

外から見た「日本の安さ」は、豊富な資金を持つ海外勢から格好のターゲットとなる。外資マネーが流入した地域や企業はどう変化しているのだろうか。

1 ニセコが買われる

さらさらと輝くパウダースノーで知られる北海道のニセコ地域。

「家賃が高くなり、郊外から車で1時間かけて通っているの」

「ラーメンだって2000円。とても地元の人は食べられたものじゃない」

冬はニセコの飲食店で働いているという知人女性からそんな話を聞き、「安いニッポン」らしからぬエピソードに興味を持った。ラーメン一杯が2000円って、いわゆる「観光地価格」を超えている。いったいどんな所なのだろうか。


2019年11月末に、雪がぱらつくニセコ地域へ飛んだ。新千歳空港（北海道千歳市）から車で約2時間。

やっと中心部にたどりつき、目抜き通り「ひらふ坂」の凍った道を歩くと、1階にカフェやショップが入居する高級マンションのようなペンションが立ち並ぶ。看板表記は英語しかないところがほとんどで、すれ違う人たちもほとんどが外国人。

まるで海外旅行に来たような感覚に陥った。

ニセコ地域の目抜き通り沿いには真新しい建物が並ぶ

オーストラリアから毎年スキーに来ているという

オーストラリアから来たという7人組に出くわした。なぜニセコを選んだのか聞くと、

「どこよりも雪質が良くて毎年ニセコに来ている」

「滞在費も安いから毎年来られる」

などと、口々に魅力を語ってくれた。

ニセコの地価上昇率、日本トップクラスの背景とは

肝心の家賃や物価はどうだろう。

「店の家賃は月40万円。冬しか営業しないけど、一度出たらテナントがすぐに埋まってしまう。だから家賃は一年中払い続けている」

中心部でインド料理店を営むインド人男性がそう教えてくれた。

冬季はスキー場の近くでワゴン車で移動販売をするなど、フル稼働だ。店舗物件の所有者はオーストラリア人。道路を挟んで向かいの物件は香港人が持っているという。

カフェの女性店員は「このあたりで1Kの部屋を借りようとしたら6万円超だった」と嘆く。札幌市中央区の相場（4・3万円）より4割も高い。

北海道がまとめた基準地価によると、ニセコがある倶知安町樺山地区の地点の上昇率は2019年に66・7％で、4年連続で全国住宅地のトップとなった。2020年も29・2％で3位。そう、日本の地方の町としては異例の暴騰となっているのだ。

背景には、インバウンド（訪日外国人）の急増がある。

ニセコ地域は倶知安町、ニセコ町、蘭越町の3町にまたがり「ニセコ観光圏」と呼ばれる。

同観光圏の外国人の宿泊客延べ数は、2018年度に約68万人で10年前から4倍に増えた。そこで外国人観光客を相手にしたい外資系企業が、こぞってニセコに高級ホテルやコンドミニアムなどを建築した結果、建設や観光業など雪山で働く移住者の住居が足りず、周辺地域のアパートの家賃が上昇している——という構図のようだ。

「ニセコはホテルやリフトの料金が海外より安い」と話すNACのフィンドレー社長

ニセコの歴史をひもとくと、バブル期には他地域と同様にゲレンデリゾートとして栄えたが、スキーブームの終了とともに客足が激減。だが2001年のアメリカ同時多発テロを機に、カナダやアメリカのスキーリゾートに行っていたオーストラリアの旅行客が「安全で時差も少ない」と「NISEKO」を見いだした。

外資マネーが流入し始めたのはその後だ。

当時経営再建中だった西武ホールディングスが2007年、スキー場やホテルを米金融大手シティグループに売却。

今ではマレーシアの複合企業ＹＴＬグループが「ニセコビレッジ」として運営し、大型投資を続けている。

２０２０年12月には、米マリオット・インターナショナルが日本初となる「リッツ・カールトン・リザーブ」を開業した。「リッツ・カールトン」の最上級ブランドで、世界に５つしかない。高級ホテル「パークハイアット」も、東京、京都に続いてニセコを選んでいる。

今ではニセコ地域にある５カ所の大手スキー場のうち、３つは海外企業による運営という。

さながら日本の中の「安くないニッポン」。

だが、それでもグローバルで見ると圧倒的に安いのだ。

英不動産 Savills（サヴィルズ）が２０２０年12月に世界のスキーリゾートについてまとめた調査では、１平方メートルあたりの住宅価格でニセコは７９００ユーロ（約１００万円）と世界で34位だった。

首位である仏クーシュベル１８５０の２万５３００ユーロ（約３２０万円）より７割も安

図表3-1　世界のスキーリゾートに比べるとニセコは安い

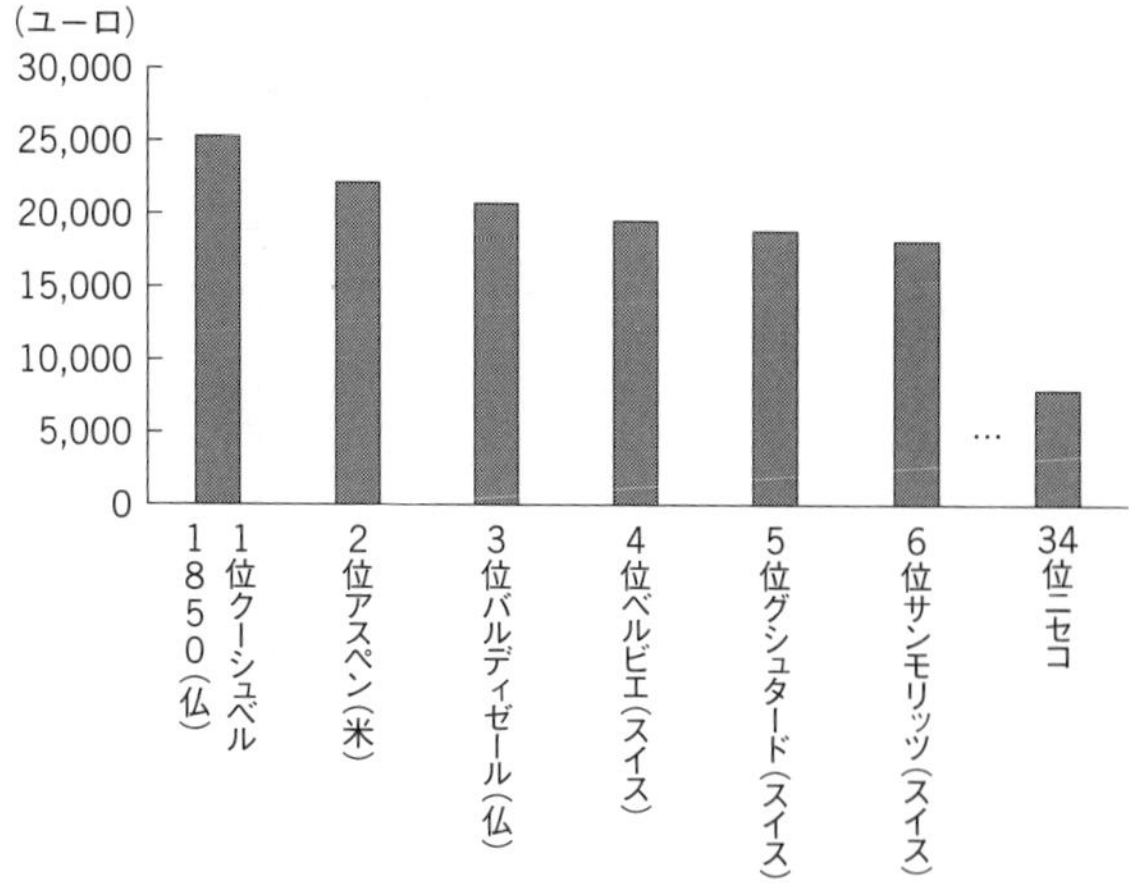

（出所）英サヴィルズの「THE SKI REPORT（2020/2021）」
（注）1平方メートルあたりの住宅価格

い。

2位の米コロラド州のアスペン（2万2100ユーロ、約280万円）、スイスのサンモリッツ（1万8100ユーロ、約230万円）や仏シャモニー（1万700ユーロ、約135万円）など世界の有名地域よりも圧倒的に安かった。

ニセコの地元不動産会社に聞くと、ニセコは物件投資利回りが「いい時で7%」。5%前後という世界のスキーリゾートの平均に比べると、お買い得感があるのだという。

ニセコで25年間以上、アウトドアレ

ジャーを提供するＮＡＣ（北海道倶知安町）のロス・フィンドレー社長も「欧米の一流リゾート地と比べると、ニセコは高くない」と明言する。

コロナ禍でも衰えない海外からの投資

日本人には高いが、グローバルで見ると土地が安くて発展余地があるニセコ。

そのため、ニセコに流れ込む人やお金の主役は近年海外勢が担ってきた。

中心部を車で5分ほど走ると、真新しい木を使った壁に、大きな窓が目立つ戸建てのコンドミニアムがずらりと並んでいた。そのうち1棟の扉を開けたらすぐに、吹き抜けの高い天井と、広々としたらせん階段が目に飛び込んでくる。すごい開放感だ。

寝室は5つあり、2階のリビングでは14人以上が一堂に会して食事をとれる。さながら高級住宅のモデルルーム。内湯と露天の温泉からは、地元で「蝦夷富士」と呼ばれる真っ白な羊蹄山が一望できた。

「このコンドミニアムは２０１８年に完成したばかりです」

地元不動産会社、ニセコリアルエステート（北海道倶知安町）の森広浩二郎・販売管理部長が教えてくれた。

1棟あたりなんと約3億～5億円という高価格だが、完成済み12棟のうち8棟を香港などのアジア人が既に購入した。所有者が冬季にやってきて別荘として使うほか、1泊数十万円でホテルとして貸し出しているのだという。

羊蹄山が一望でき、広々としたリビング。5億円でもアジアの富裕層に売れる

「ホテルかコンドミニアムを買いたい」

森広氏の一日は、そんな英文メールのチェックから始まる。

顧客の9割以上は海外の富裕層で、冬場はスキーの帰りに飛び込みでオフィスに来る外国人もいるほどだ。森広氏の「営業先リスト」には、会社経営者や投資家、芸能人など約5500人の外国人の名が並ぶ。

新型コロナウイルスの感染拡大で外国人客は2020年冬季は大きく減ったが、世界的なカネ余りを受けて、外資マネーの投資の勢いは衰えていないという。

「外国の富裕層は『コロナ後』に備えて活発に投資を続けている印象だ」（森広さん）

ニセコは土地の購入者から所有者、利用者まで多くが外国人である構図がハッキリとある。

日本のデベロッパー勢の参入が少ないのには、「高価格で購入できる客がほとんどが海外富裕層のため、コネクションがないので売り切る自信がないのだろう」（地元不動産企業）という見方もある。

「あそこも大きなコンドミニアムができるよ」

コンビニエンスストアの店員が指でさす先を見ると、白い遮音壁で囲まれた広い土地にクレーン車が行き交っていた。壁には「シンガポールにおける高級住宅開発のリーディングカンパニー」の文字。ＳＣグローバル・デベロップメンツが２０２１年ごろに完成させて、最高約10億円のペントハウスを発売する計画だ。

素直に喜べない地元

そんなグローバルタウンと化しているニセコだが、足元での家賃高騰は、「安いニッポン」基準で生活する地元住民の生活をじわりと圧迫している。

「高くて住めない」と出ていく若い町民がいる。

「高齢になると家を高く売って便利な札幌に引っ越す人もいる」（50歳の地元男性）

物件だけではない。

「ハンバーガーセット2000円」

「カレー1500円」

中心部の店のメニューはいずれも高く、スーパーに並ぶ「ウニ5万円」を見て驚く日本人観光客もいた。

都内のIT企業で働く男性（39）は2019年、海外拠点から来日した外国人の同僚を連れてニセコに旅行した。その時、居酒屋のラーメンが3000円だったことを覚えている。

「日本なのに高すぎる」

男性の年収は1100万円で、決して低くはない。

それでも「とてもたくさんは来られない」と思った。

だが、安いニッポンに慣れている日本人にとっては高いけれど、その価格は世界標準なのだとも言える。そこに、安いニッポンに慣れて生活することの落とし穴がある。

男性が宿泊したホテルのスタッフはみな日本人だが、客の多くは東南アジアの富裕層だったそうだ。ホテルのバーで、どんどん高級なシャンパンを頼む様子を見た。

その光景はまるで、数年前に自分が東南アジアのビーチリゾートにいた時のようだった。

ニセコには想像を超える外資マネーが舞い込み続ける。

しかし、外国人による固定資産税や旅行消費額など、町に入るお金は増えるものの、地元は手放しで喜べない現実もある。

不動産購入者は海外で暮らすため、物件の運用でもうけたお金は町内で使われない。

観光業の外国人従業員も、夏場は母国に帰って給与を消費する。

「通年でみると、町に入るお金よりも町外の人が手に入れるお金の方が多い」（ニセコ町企画環境課）。宿泊税の導入や通年で定住しやすい制度の整備など検討策も多い。

「世界のスノーリゾートに比べるとニセコは非常に安い。利回りも良くて狙い撃ちされているので、まだまだ（外資系企業の）開発が来るだろう」

日本経済新聞の「安いニッポン」連載で、ニセコを取り上げた回が掲載された2019年12月11日。

倶知安町議会で女性議員が、記事にあるデータを引用しながら「観光は最大化ではなく最適化を目指すと言われている。町としての指針が必要だ」とただした。

文字一志町長は「全国の観光地でもうけているのは民間のビジネスチャンスを得たところばかりで、深刻な自治体行政も多い。

そんな実態や環境と、国際リゾートや経済的な世界の動きと共存しながら、自分たちの暮らしぶりをどうよくするか考えていきたい」と答弁した。

このまま買われ続けるニセコの将来はどうなっていくのか。

中心部を走っていた高齢のタクシー運転手はつぶやく。

「昔よりマシだ。今から英語も勉強できないけど、（外国人観光客が話す）地名さえ分かれば生計が成り立つ」

近年では長野県白馬村や沖縄県宮古島市などが、「ニセコ化」してきたと言われている。海外マネーに踊ることなく、地域が成長していく青写真を描けるか。この問いは近い将来、日本全体の課題としてのしかかる。

2 技術が買われる

外の目から見た「安さ」は、第三者に買われるリスクもはらむ。それは企業や技術も例外ではない。

調査会社のレコフ（東京・千代田）の調べでは、2018年の中国企業による日本の未上場企業へのM&A（合併・買収）件数は、公表ベースだけでも08年比6倍の25件で過去最多になった。

その後は米中貿易摩擦や新型コロナウイルスの感染拡大などで一服しているが、近年目立つのは、経営難や後継者不足で廃業寸前の中小企業を海外企業が買収する構図だ。

M&A仲介業者からは、

「製造業向けの部品メーカーや消費財メーカーなど、技術があるのに日本大手が興味を示さず、海外企業に安く買いたたかれる案件が増えた」

「長野県の山奥にある、従業員が数人の精密機械企業がひっそりと買われている」

といった証言が集まる。

ある中国のファンドも最近、電子部品を手がける関東地方の中小企業を買収した。同ファンドのトップは「入札で他の買い手が付かず、工場も含めて結果的に安く手に入った」とほほ笑む。

こういった事例は「日本の技術が流出」といった文脈で報じられることが多いが、当該の中小企業にとっては、従業員構成が変わらないまま業績の立て直しにつながるケースもある。

ここからは安さとは関係ないが、実際に中国企業の傘下で立ち直っている中小企業の事例をいくつか紹介したい。

神奈川県大和市の企業団地。

その一角には電子部品メーカー、新シコー科技の小さなオフィスがある。パソコンがずらりと並び、14人の社員が図面を見つめながら開発を進めている。

前身となるシコーは1976年創業で、90年代には小型モーターを米インテルなどに納入していた。一時はスマートフォンのカメラ用のピント調節部品（アクチュエーター）を、米アップルに供給していたほどの技術を持つ。だがアップルの契約打ち切りが響き、2012年に経営破綻した。

スポンサー契約していたミネベアミツミが支援を続けるかに思われたが、突如として交渉は不調に終わる。

そこで中国・上海の部品企業に、主力の携帯電話用モーター事業（現・新シコー科技）を譲渡することになった。

中国のスマホ市場が伸び、現地の拠点も魅力に映った。

２０１６年には株主が中国・新思考電機に変わった。

新シコー研究開発部の星光文氏は毎月、中国に出張するなどして現地企業との付き合いを深めている。「先端の技術トレンドが分かるのは良いことだ」（星氏）

同社の小型部品を作る技術が評価され、今はほぼ全量を中国製スマホに納めている。２０１９年の出荷量は約１億６０００万個で、20年は２億４０００万個となった。

星氏は語る。

「日本人従業員も違和感なく働けている」

アジア国籍になる日本の町工場

中国最大の国有企業ＣＩＴＩＣグループのファンド、ＣＩＴＩＣキャピタル・パートナーズ（東京・千代田）は２００４年から19年にかけて合計で約３５０億円を投じ、日本の中小14社を買収した。

その１社が15年に買収したモリテックス（埼玉県朝霞市）だ。

同社はゆがみの無い特殊な高精細レンズを製造している。

買収以降は中国に工場を移してコストを削減し、自動化工場の検査機器として売っている。技術に伴う適正価格に値上げして販売できるようにもなった。

ＣＩＴＩＣキャピタルの幹部は「少量で機動的な生産に対応できる」とその強みを語る。

スイッチ製造の神明電機（川崎市）は２０１２年に中国・大連鵬成グループに買収され、主力製品をパソコン向けから単価が3倍の自動車向けにシフトした。

19年から中国の自動車メーカー向けにドアを開閉するスイッチを量産する。

「高品質にこだわるメーカーから引き合いが強い」（山本均副社長）

中国だけではない。

大阪市東南部にたたずむ、ある老舗の繊維機械メーカーの町工場。

倉庫には、横幅3メートルの布を裁断する大型の機械が並ぶ。コンピューターで制御して布を切る自動裁断機を開発し、アパレルの海外工場に販売している。親会社はいま、台湾企業だ。

数年前に、創業家出身の社長が引退を決断した。残された従業員は10人超で、後継者はいなかった。

価格競争に陥りやすい自動裁断機は、絶えず開発資金が必要だが、主力銀行から「後継者不在では長期信用に足らず、これ以上の融資は難しい」と打ち切られた。海外に工場を構えるアパレル業界のグローバル化への対応も、不十分だった。

そこで助け舟を出したのが台湾の同業大手だ。

「自動制御するプログラムの設計には他社に無い価値がある。資金を出すから廃業しないで下さい」。台湾企業からそう説得された。

実は日本の同業からも買収の打診があったが、台湾企業はバングラデシュなどの工場と多くの取引がある。

「現地の下請けとも関係が深く、販路が拡大できる」と台湾企業に賭けた。

買収額など条件でも上回っていたという。

売却後は、インドネシアや韓国に販路が広がった。開発や生産に特化できたことで、利益率も10ポイントほど改善した。他の製造業から日本人工場長を迎え、硬い生地を切れる技術を生かして自動車シート向けの裁断機も開発中だ。部品メーカーから引き合いが強く、主力製品に育っている。

これらの事例から浮かぶのは、町工場などを運営する多くの日本の中小企業が、続々とアジア国籍になっているという実態だ。「廃業を防ぐには、中国企業が頼みの綱だった」という会社もあった。

帝国データバンクによると、アジア企業が資本を通じ経営に関与している日本の企業は2017年末時点で1712社にのぼる（アジア企業の日本法人も含む）。うち中国企業が51％以上出資するのは448社で、最も多い。

そもそも対日投資は増加が続く。

日本貿易振興機構（ジェトロ）によると、2019年末の対日直接投資残高は18年比1割増の33・9兆円で最高だった。アジアからの残高は初めて2割を超えた。

金融やサービスなど非製造業がけん引し、ジェトロは「今後も越境ＥＣ（電子商取引）で爆買いされている消費財メーカーを対象にした買収が増えそうだ」とする。

図表3-2　中国による日本の未上場企業へのM&A件数が増えている

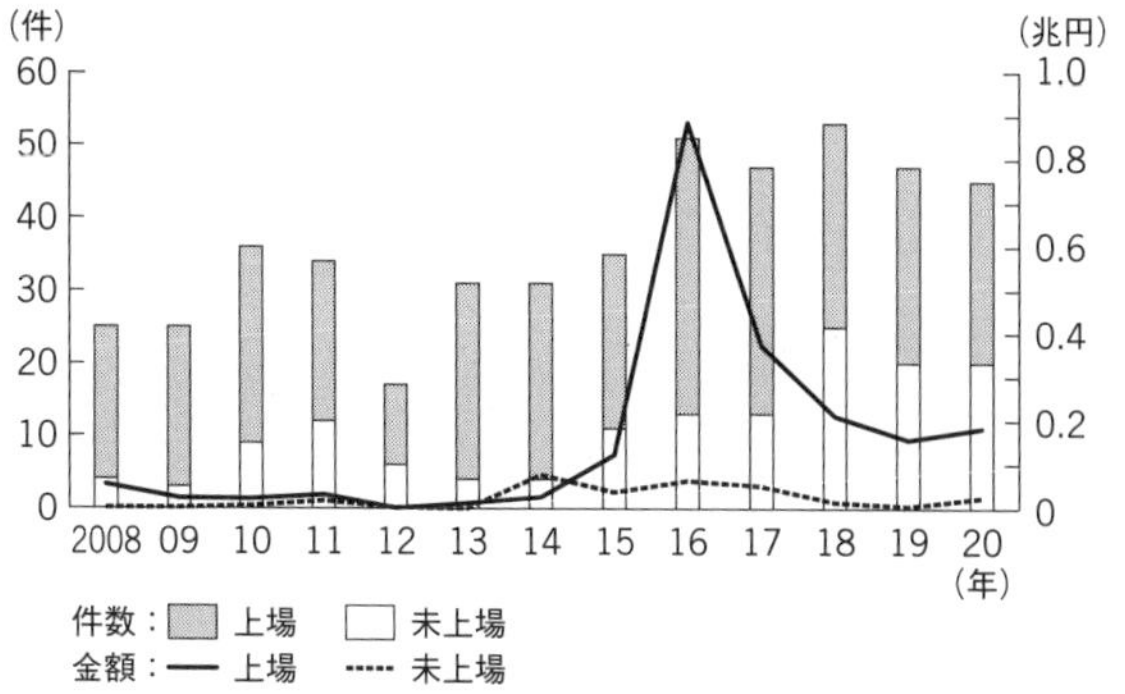

（出所）レコフ

コロナ禍で経営不振に陥った地方の旅館業などもターゲットになるかもしれない。

かつて中国企業の製品は「安かろう悪かろう」と言われたが、「安かろう良かろう」の日本企業を取り込むことで成長につなげているような例もある。

２０１０年には、中国電気自動車（ＥＶ）大手の比亜迪（ＢＹＤ）が自動車用プレス金型大手のオギハラ（群馬県太田市）の工場を買収して話題を呼んだ。

ＢＹＤは今や中国のＥＶ市場シェア首位になり、オギハラの技術が支えたとされる。

サプライチェーンの作り替えを

海外企業による日本企業の買収が活発な一方で、日本企業による海外企業のM＆A件数も2019年は過去最多だった。日本の大企業の目線は身近な中小を飛び越え、海外に向く。「技術があるのに承継が難しく廃業を迫られている町工場が見過ごされている」M＆A仲介業者はそう指摘する。

地方銀行も後ろ盾になりきれない。

政府は中小零細企業の事業承継を支援する場合などに限り、地銀による出資規制の緩和を検討する。だが、地銀は採算が低い中小向けに動きにくい。

これまで日本の製造業は、ピラミッド型のサプライチェーン（供給網）で成り立ってきた。電機や自動車の大手メーカーを頂点として、部品メーカーや下請け企業が続く構造だ。だがそれは、基本的に国内で事業展開する時代の名残ともいえる。国内販売を前提に、日本の大手メーカーの言う通りに製造すれば良かったためだ。

グローバル競争が激しくなるなか、それだけでは限界がある。

そこで海外への部品供給を求め、外資の傘下に活路を見いだす中小企業も出始めた。入札を経て中国企業の傘下に入った、ある関東の中小製造業の幹部は「日本大手が救済しても、海外展開ができずじり貧のままかもしれないと思った」と本音を語る。なぜなら「当時の最も大きな取引先だった日本企業には、製品を年々と安く買いたたかれていた。経営が厳しく受注にしがみつく我々の足元を見ている」（幹部）からだ。

このような「下請けいじめ」は規制もあるが、慣行は根強いままである。


実際に中国企業に買われたことで、グローバルな販路で息を吹き返した企業が多くある。裏を返せば、日本のサプライチェーンの裾野まで中国企業が浸透しているということでもあり、いずれ日本の大企業は取引先の中小企業の争奪戦にも直面するかもしれない。そうなるとサプライチェーンの作り替えも必要だ。

同時に、日本の大企業は中小企業を抱え込むだけでなく、海外進出で協力し生産を支援するなど、ものづくりを支えてきたサプライチェーンを維持する策も求められるだろう。

今回、取材に応じた日本の中小企業には「中国企業の傘下入り直後は『品質が落ちる』と日本の取引先に疑われ、取引が一時的に減った」というところもあった。だが納入して品質を確認してもらったり、取引先を中国拠点に招いたりして信頼を得てきた。買収後も経営陣や工場長に日本人を残すなど「意外に自由度は高い」という。

もちろん、最初から成功する例だけではない。

日本で初めて旋盤を開発した老舗の工作機器メーカー、池貝（茨城県行方市）は民事再生手続きの完了を経て2004年に中国重電大手の傘下に入った。だが販路が異なるなど相乗効果が出ず、14年に同業の台湾工作機械大手への売却に至っている。

足元の中国経済の減速や、米中貿易摩擦の影響もリスクだ。

アメリカはトランプ前政権下で中国への最先端技術の輸出規制を強化していた。「アメリカ企業への納入がいつ遮断されるか分からない」（中国傘下の部品メーカー）と不安を抱えた企業もある。

「アメリカ展開を考えると中国色をつけたくない中小企業も出そうだ」（証券会社）との警

戒感もある。

しかし、苦境にあえぐ中小企業の救済は待ったなしだ。

東京商工リサーチによると、後継者が見つからないことが理由で2020年に倒産した国内企業は、実に19年比37％増の370件にのぼる。

300件を突破したのは、東京商工リサーチが調査を開始した2013年以降で初めてだ。「人口減少と高齢化が進むなかで新型コロナが直撃した」（同リサーチ）

全国社長の平均年齢は2019年末時点で62・1歳で調査開始の09年以降最高だ。業績不振の企業は後継者育成が進まず、事業継承に取りかかれない。

日本の雇用の7割を占める中小企業がなくなれば失業への懸念も高まる。優れた技術を持つ中小企業を巡っては、既にアジア企業との争奪戦が繰り広げられていることを認識したい。

企業や技術を適正価格で見極め、買い逃すことのないような施策が求められる。

3 崩れる日本のお家芸「アニメ」

給与が世界より低いと、どういったことが起きるのか。

優秀なＩＴ人材を世界で採ってこられない話は第2章で述べた。

だがそれだけではない。

恐れるべきは、買い負けだけでなく「人材の流出」だ。


東京都町田市の住宅街にある雑居ビル。

エレベーターで5階にのぼって一室に入ると、数人の若い男女が液晶ペンを使い、大きなタブレット画面に神社のような絵を描いていた。

ここはカラード・ペンシル・アニメーション・ジャパンというアニメ制作スタジオだ。

実は彼らが描いているのは、中国のヒット作品「マスターオブスキル」などの作画。そう、カラード社は中国重慶市のアニメスタジオ・彩色鉛筆動漫の日本拠点であり、中国アニメの制作をサポートするために2018年に設けられた。

最近では彩色鉛筆動漫のように、日本に拠点を作って日本人アニメーターを抱え込もうとする中国企業の動きが増えている。

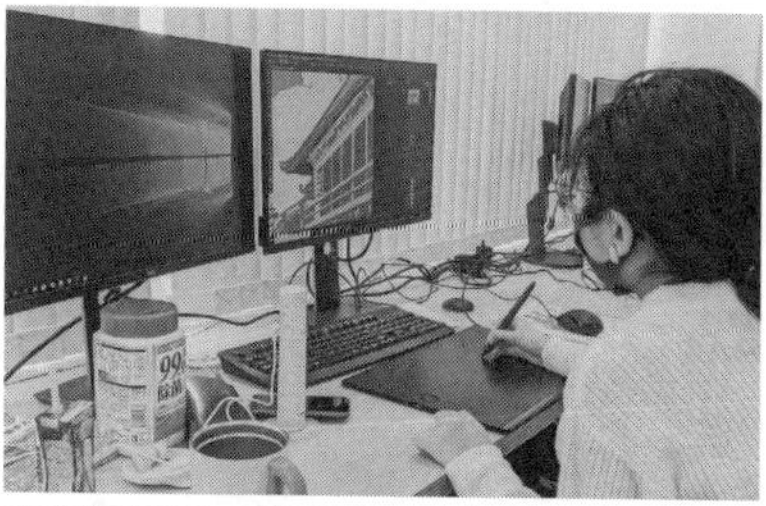
東京都町田市の雑居ビルで、中国の人気アニメを作画している

中国ではアニメ人気が高まる一方で、海外のネットコンテンツの流通規制が強化されており、2018年ごろから日本アニメの買い控えが始まった。そこで、自社の配信コンテンツを拡充させたい動画配信企業が採った策が、自前制作、とりわけ「日本品質の内製化」だった。

彩色鉛筆動漫には、中国ネット大手プラットフォーマーである騰訊控股（テンセント）傘下の閲文集団（チャイナ・リテラチャー）が出資している。

テンセントはLINEのような対話アプリ「ウィーチャット」の運営企業として日本でも有名だが、ゲームで世界最大級の企業でもあり、世界の時価総額ランキングではGAFAと並びトップ10位に入る。動画配信サービスも手掛けて「テンセントビデオ」など独自のプラットフォーム（配信網）も展開しており、そこでマスターオブスキルなどのアニメ作品を配信している。

その作画を担うのがカラード社だ。

つまりこういった中国の巨大企業が、日本の制作会社を傘下に持つことで、豊富な資金力を活用してクオリティーの高いアニメを自前で制作し、自社のプラットフォームで独占配信できるというわけだ。

中国企業が日本人アニメーターを採用できるのは、市場の拡大を背景に待遇が良いからに他ならない。

調査会社帝国データバンクでアニメ業界の動向を調べる飯島大介氏は「市場が拡大する中国にとって、日本のアニメーターは喉から手が出るほどほしい。日本の年収の3倍でも軽く出せるので、今後も中国勢からの人材引き抜きは激しくなるだろう」とみる。

実際に、カラード社と日本の制作会社では、従業員の扱いに大きな違いがある。

カラード社はアニメーターを社員として雇用し、新卒給与は業界平均より高い約17万5千円。通常時はフレックス勤務で、業務が集中する時期は残業もあるが、その分ちゃんと代休を取れるなど働きやすい環境にした。住宅手当や交通費も支給する。

カラード社の江口文治郎最高経営責任者（ＣＥＯ）は「優秀な人材を囲い込むためにも、アニメーターの待遇や環境を整えることが最優先だ」と語る。

長時間・低賃金労働が招く業界の窮地

その背景には、日本人アニメーターの給与が安すぎるという現実がある。

アニメ産業は「日本のお家芸」と言われるが、その労働実態は長時間・低賃金がはびこる。

一般社団法人日本アニメーター・演出協会（東京・千代田）の２０１９年の調査では、日本で正社員として働くアニメーターは14％。大規模な一部の制作会社を除き、半数以上が委託契約のフリーランスだ。

アニメーターの平均年収は４４０万円で、１カ月の休日は５・４日。

新人は年収が約１１０万円という調査もある。

現在の収入に満足するアニメーターは3割弱で、8割が老後の心配や精神的疲労を訴えた。

アニメ業界に詳しい広告会社日宣の中山隆央氏は「時給換算で100円を切り、生活のためにアルバイトを掛け持つ人も多い。夢を餌にしたやりがい搾取だ」と批判する。

日本のアニメーターの給与が安いのには、構造的な問題がある。

例えば、制作時に出版社や放送局など複数から資金を募る「製作委員会」方式。今や日本のアニメ産業の約半分が海外の売り上げだが、こういった海外分やグッズ販売などのライセンス利益は、広告代理店やテレビ局が出資する製作委員会のものになるケースが多い。作品がヒットしても、製作委員会に出資していない制作会社には還元されない仕組みとなっている。

もちろん作品が多数にのぼるなかでヒットするのは一握りであり、製作委員会が負うリスクは大きいため分散できるメリットもある。

それでも「製作委員会方式だと予算ありきの作品作りしかできない。キャラクターグッズ

図表3-3 日本のアニメ業界は制作会社がもうからない

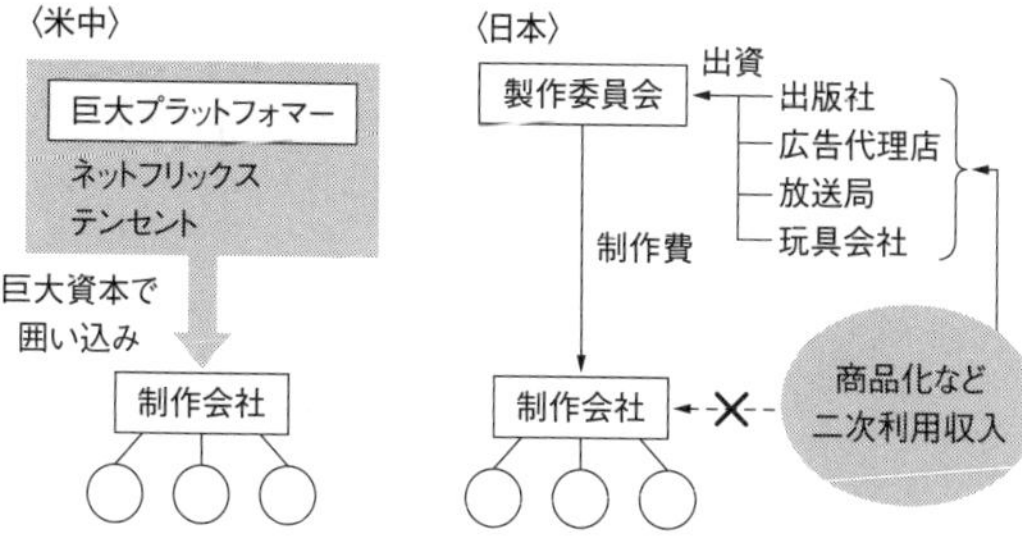

や音楽など各社の立場が違うため、合意形成に時間もかかる」（日宣の中山氏）。

その一方で、アメリカや中国の作品を作る場合は、制作会社の交渉相手は1社だけだ。

クオリティー（質）やプロダクト（作品）ありきの進め方をするため予算も潤沢。実際にカラード社は、アメリカや中国から、日本アニメの2倍の料金で作画を請け負っている。

一般社団法人の日本動画協会（東京・文京）によると、日本のアニメ産業市場規模は10年連続で増えており、2019年は09年比で約2倍の2兆5112億円だった。「鬼滅の刃」が幅広くヒットし、劇場版でも新海誠監督の「天気の子」が興行収入140億円を突破するなど明るい話題があった。

一方で、同じ２０１９年のアニメ制作会社（２７３社）の売上高合計は２４２７億円と市場規模の約１割にすぎない。

取り分が増えず、制作会社の疲弊は進む。日本には２７０社以上の制作会社があるとされるが、帝国データバンクによると、赤字のアニメ制作会社の割合は２０１８年に３割を超えた。過去10年で最高で、倒産や解散も過去最多だった。

２０１９年には改善したものの、ある制作会社の幹部は「請負単価は下がり続け、人手不足で業況を拡大できない悪循環。１人でも抜けると仕事を受注できず赤字になる会社が多い」と話す。


乏しい経営環境は業界の成長力をそいでしまう。

日本でアニメーターとして原画を担当する都内の40歳男性。オフィスが無いので自宅で作画をして、社員の人が車で回収に来る。ほとんど誰とも会わない、話さない孤独な生活だ。

「性格が暗くなるだけでなく、生活できずに辞める人も多い。昔より精緻な絵が求められて手間がかかるのに、1枚数百円なのは変わらない。スケジュールに追われてデジタル作画の勉強をする時間も無い」

こうして人材育成もままならず、技能の空洞化が進む。

日本が中国の下請けに

カラード社の江口CEOには苦い思い出がある。

「このクオリティーだと配信できない」

ある時、カラード社の人手が足りずに日本の制作会社に作画を外注したところ、中国本社から厳しく突き返されたのだ。

江口CEOは「中国は豊富な資金力でデジタル作画の設備がそろい、アニメの質が格段に向上している。日本の待遇の悪さは質の低下、最終的には業界の停滞につながりかねない」と指摘する。

既に「日本のトップ級以外のスタジオは、単価が安いけど質が悪いので発注できない」(中国の配信大手)という声も出始めている。

中国の求人サイトによると、アニメーターの平均月収は杭州が3万4062元（約52万円）で、北京では約3万元（約45万円）だった。けん引しているのはスマホなどのゲーム動画だ。高収入のため、中国ではデッサンなどの基礎技術を4年ほど美術大学で学んだ人がアニメーターになる例が多い。

「ニコニコ動画」の中国版とも呼ばれる動画配信大手の「Bilibili（ビリビリ）」。日本のアニメ製作委員会に投資し、日本アニメを作る現場のノウハウを蓄積した。そして専門学校などでアニメ制作を学ぶ中国人学生の支援を手厚くし、中国の国産アニメを底上げしている。

「これまでは中国が日本アニメの下請けだったが、もはや逆転している」（江口ＣＥＯ）

スキルの継承が進まなければ、やがては海外からの発注も無くなっていく。

つまり「買われるアニメ」は業界が抱える問題の裏返しでもある。

自社での人材育成や設備投資による生産性の向上には、安定した利益確保が必要だ。製作委員会方式はリスク分散の利点もあるが、今後はグローバル競争を見据えた利益還元の仕組みも不可欠だろう。

4 ネットフリックスの制作費はNHKの5倍

海外の動画配信大手は世界中の会員からの視聴料収入を収益源にできるため、制作費そのものも日本をはるか上回る。

そのため中国だけでなく、アメリカのプラットフォーマーも日本に熱視線を注いでいる。人気アニメの「攻殻機動隊」をつくるプロダクション・アイジー（東京都武蔵野市）。同社は2018年、数年にわたり独自作品を制作する内容で、ネットフリックスと包括提携した。

何せネットフリックスの潤沢な制作費は「日本の3倍の予算がつくケースもある」（日本の制作会社社長）と言われているのだ。

海外勢が日本のクリエーターを囲う動きは、映画やドラマで先行していた。「日本の著名演出家が、テレビ局や制作会社を辞めて米アマゾン・ドット・コムなどの配信番組を手掛けているケースが増えた。自由な番組作りが魅力らしい」（放送局関係者）

ネットフリックスが2019年にコンテンツに投じた費用は約1兆5000億円規模。それはNHKの年間制作費の約5倍で、民放キー局を全て足しても及ばない。

さらにネットフリックスは2021年2月、日本でアニメーターの育成支援を始めると発表した。提携している日本の制作会社が開く育成塾を監修し、受講生の生活と授業料を負担。卒業後はネットフリックスの独自アニメを作ってもらうという「丸抱え」だ。アニメも含め、21年には25本超の日本発オリジナル作品を配信する。

テンセントも2020年11月、ドラマなどの映像コンテンツ制作費を、今後3年間で1千億元（約1兆6千億円）と従来の2倍に引き上げると表明した。

「安さ」がもたらす日本のコンテンツの停滞を防ぐには、生産性を高めるために、「業界基準」と看過してきた劣悪な労働環境の見直しも欠かせない。

2020年にアジア映画で初めて米アカデミー作品賞を受賞した韓国の「パラサイト　半地下の家族」。

制作費は約12億円と米ハリウッド映画に比べると決して高くなく、さらにスタッフの賃金や勤労時間を明記した契約書を順守したことでも注目を集めた。

音楽コンサートやライブイベントなど、エンターテインメント業界には悪しき労働慣行が残る分野も多い。「クールジャパン」を幻想で終わらせないためにも、まずコンテンツの対価を確保し、労働者に報いる仕組み作りが不可欠だろう。

5 最新の「外国人街」事情に学ぶ

第3章の冒頭では、「買われるニセコ」を取り上げた。

このまま日本が安くなれば、同様に外国人による土地や企業の買収が増えていくかもしれない。そうなった時、日本人はどう共生していけばよいのだろうか。

日本でも有数の外国人が多い地域を目指し、埼玉県川口市を訪ねた。


「ゴミ出しができない」

「中国人も猜疑心の塊」

こんな派手な見出しが大々的に並ぶのは、2010年3月に発売された週刊誌の記事である。

「住人33%が中国人になった『チャイナ団地』現地報告」というタイトルで、団地内の住民トラブルを書き立てていた。

この「チャイナ団地」とは、川口市にある「芝園団地」だ。

観光地としての「三大中華街」で知られる横浜、神戸、長崎とは異なり、住民としての中国人が増えている新たな「ミニ中華街」。いま、このような郊外の外国人街が日本中で次々とできている。川口もそのうちの1つだ。

芝園団地は1978年に建設された巨大な団地で、全部で約15棟からなる。

およそ約4500人の住民のうち、なんと半分以上が外国人。

そのほとんどが中国人で、ネパールやバングラデシュからの人もいる。現地企業の日本拠点や日本企業で働き、その寮として住んでいるケースもある。

歴史を遡ると、中国は1978年に改革開放路線を打ち出し、海外に移る人が増えた。いわゆる「新華僑」だ。1980〜90年代は留学生や就学生が都内にやってきて、日本語学校の多い新宿周辺の低廉な住宅に住み始めた。だがどんどん人が増えて住むところが不足し、物価高もあって、池袋などに中国人コミュニティーが形成された。そうして同心円状に広がり、都心まで約30分という交通の便や安くて住みやすい川口が選ばれたようだ。

特に芝園団地は都市再生機構（UR）団地のため、入居時の差別がないことも大きい。

2015年には芝園町全体で、外国人住民が日本人を上回り、それからも増え続けている。

「日本への出稼ぎは減るのではないか」

一方で2000年代に入ると、団地内では住民同士のトラブルが目立つようになった。部屋から掃き出されたほこりや髪の毛が多い廊下、缶と瓶が分別されずに団地中に散乱するゴミ、深夜に聞こえる大声での会話、夕暮れ時に漂う油や香辛料の香り——。「中国人は帰レ」。心ない落書きが続いたこともある。

冒頭の週刊誌記事で取り上げられたのも、この頃だった。

筆者は2021年1月に芝園団地を訪ねた。

最寄り駅から団地まで歩いて約10分。

団地に近づくにつれて、中国の雑貨や食品を売っている小売店が多くある。団地に着くと、道路に近い場所にスーパーや美容室、中華料理店があった。

中心には大きな広場があり、そこでは中国人の男性と小さな娘がたこ上げをして楽しんでいた。小柄で細身のその男性は、都内のIT企業で働いているという。

「日本は物価が安くて住みやすい」

すれ違う人たちが話す会話のほとんどが日本語ではなさそうだ。

でもゴミはちゃんと「ごみステーション」に整然と並べられていて、落書きのようなものも見当たらなかった。

「週刊誌に出ていたようなひどいトラブルは、最近は減ってきました。でもゼロとは言いませんよ。だって日本人同士でも、隣近所のもめ事はあるでしょう」

そう説明してくれたのは、自治会の岡崎広樹事務局長だ。

岡崎さんは松下政経塾で学んでいる時に多文化地域の共生について興味を持ち、2013年に芝園団地を視察した。前年にUR管理事務所に中国語の通訳者を置いたことで、日本で住むルールを伝えやすくなり、既に度を超えたトラブルは少しずつ減っていたという。

気になったのは、団地で開かれた盆踊りを訪れた時だ。

中心で踊るのは日本人の年配者で、外国人はそれを遠巻きに見ていた。

日本人住民は「交流したい」と口々に言っていたものの、まだ交流は進んでいないように見えた。

その疑問が心に広がり、2014年に団地に移住した。

もちろん住民たちからすると、岡崎さんも「よそ者」だ。

だが防災の講習会、商店街や学生と協力した地域イベントなどを経て、少しずつ色々な住民と打ち解けていった。2014年は外国人の自治会役員は0だったが、20年は全9人のうち3人が外国人だ。

住民の多くが外国人という芝園団地

岡崎さんは「『交流』と一言に言っても難しい。都心のマンションだって、引っ越しの時でもなければ、隣に住んでいるだけでは出会わない」と説明する。

そこで芝園団地では積極的に食事会や中国語教室、太極拳など「顔見知りになる場」を作っていった。

「外国人と日本人という違い、高齢者と若者という違い、そして考え方の違いがある。外国人と日本人だけを対立させた構図で語る人が多いが、ここから見えてくるのは『迷惑な隣人と見知らぬ隣人をどうするか』という誰にでも起こりうる問題の延長線上だ」（岡崎さん）

芝園団地の外国人住民数は、新型コロナウイルスが感染拡大する２０２０年までは、ほぼ毎年増え続けてきた。日本人の新しい住民はほとんど高齢者で、流入者が減っている中で、ＵＲにとっても外国人は大事な顧客だ。

団地で出会った中国人男性は、「日本の安定しているところが好き」と言う。

だが最近、故郷の企業では自分が勤める日本企業よりも報酬がだいぶ高いことを知った。

子どもが大きくなるまでは日本にいるつもりだが、「日本企業はグローバルでの存在感が落ちているので、子どもは中国で働いてどんどん稼いでほしい」という気持ちもある。「北京や上海から日本に働きに来る人は、これからは少なくなっていくのではないか」

男性の言う通り、これからも日本が優位な買い手市場でいられるとは限らない。「安いから」ではなく建設的な理由でも外国人から「選ばれる国」になるために、受け入れの体制や環境整備は欠かせないだろう。

芝園団地が経験した葛藤は、我々に色々なことを問いかけている。

第4章 安いニッポンの未来

コロナ後の世界はどうなるか

国際的な観光の名所である京都。
いまでは、2000円台のビジネスホテルも
登場している。

1 インバウンドバブルのその後

海外から見ると際立つ「日本の安さ」が商機につながったのが、「インバウンド消費」だ。「日本製の家電や化粧品は品質がいいだけでなく、とにかく安くてお買い得」

2015年から2020年に新型コロナウイルスの感染が流行するまでの5年間、年に2～3回ほど中国から日本を訪れていた李さんは話す。

「東京、大阪、沖縄、北海道……どこに行っても美しくておいしい。そして安い」

北京市の自宅は、炊飯器やドライヤーなど日本製の家電であふれるという。

2012年の第2次安倍政権発足後、円安や短期滞在査証（ビザ）発給要件の緩和などを背景に、日本を訪れる外国人旅行者の数は増え続けた。2013～14年には「インバウンド消費」という言葉が生まれ、15年の訪日外国人客数は前年比47％増の1973万人に急増。ついに45年ぶりに出国日本人数を上回った。

２０１９年は前年比２％増の３１８８万人で、インバウンドが日本で使った旅行消費額は総額４兆８０００億円にのぼる。

「爆買い」ブームの裏にあったリスク

最初に恩恵を受けたのは、家電量販店や百貨店だ。

中国人らがデジタルカメラ、炊飯器、腕時計という「日本土産の３種の神器」を大量に買い求める様子は「爆買い」と呼ばれた。その次の新定番は化粧品、温水洗浄便座、ステンレスボトル。中国圏の正月「春節」の大型連休には、東京・銀座の家電量販店の前に中国のツアーバスが乗り付ける光景がおなじみになった。

爆買いが一服すると、彼らの目当ては「モノ」から体験型の「コト」消費へと変容する。爆買いもコト消費も、２０１４年の消費増税後の国内景気を大いに支えた。人口減少などで国内の個人消費が伸び悩むなか、政府も観光振興を成長戦略の柱の一つに位置づけていた。

そんな爆買いの様子を、メディアはこぞって「日本の高品質が人気」だと取り上げた。

だが当時、筆者は家電量販店業界を担当しており、業界大手の幹部がつぶやいた内容を忘れられない。多くの外国人でにぎわう免税コーナーを横目にしながら、

「この人気は安さに他ならない。彼らにとっては円安以上の割安感。日本人が同じように海外でモノを買えるだろうか」

まさに、購買力の移り変わりだった。

そして続けた。

「インバウンドの過度な依存は国際情勢に左右される。リスクでもある」と。

その幹部の「危機感」が実際に起きてしまった。

2020年初めに新型コロナウイルスが猛威を振るい始めてから、これまでインバウンドに沸いていた全国のあらゆる光景が一変したのだ。

観光庁が発表した資料によると、2020年1～3月の訪日外国人旅行者数は前年同期比半減の約400万人。消費額も4割減の7000億円だった。しかし4月以降はほぼ消失し

たと言っていい。

インバウンドの旅行消費額は国内総生産（GDP）の「輸出」にカウントされ、2019年（4兆8000億円）は対名目GDPの1%規模にあたる。つまりこのまま感染拡大が止まらなければ、その約1%が蒸発することになる。

だが影響はそれにとどまらず、最も深刻なのは、これまでインバウンドで活性化されていた地方や中小の関連企業の経営危機だ。

既に兆候はある。

東京商工リサーチによると、2020年の全国の企業倒産（負債総額1000万円以上）は7773件だった。そのうち2596件が、インバウンド需要の消失や外出自粛などの影響を大きく受けた飲食業や宿泊業などサービス産業だった。

インバウンドへの過度な依存は、リスクもはらむことを浮き彫りにした新型コロナウイルス。感染収束後も見据え、観光政策をどうしていくべきか見直しも必要になってくる。

もちろん国内の人口が縮小するなか、観光立国としての経済政策、インバウンド拡大は重要だ。日本は近年急増したものの、他の先進国に比べるとインバウンドはまだ少ない。例えば世界一の観光客数を誇るフランスは2019年に約9000万人が訪れ、仏観光業は年約21兆円を生み出していた。新型コロナウイルスの感染拡大後、フランス政府は観光産業を重点支援している。

日本はインバウンドの富裕層向けに、宿泊税や高額なサービス提供も一考すべきだろう。円安バブルや「たたき売り」の再来は、避けなければならない。

イギリス人にとって「最も安い目的地」

訪日外国人が増えていたのは、日本の安さが理由だと裏付けるような記事を見つけた。英国のタブロイド紙「デイリーメール」では、2020年1月の「Where your holiday pounds will go miles further」と題した記事でお勧めの旅行先を並べており、日本についてはこのように紹介している。

「何年にもわたる景気低迷により、東京は魅力的になりました。日本の首都では価格が13%下落しています」――。

そして「イギリスの観光客にとって最も安い10の場所」としてベトナムやブルガリアなど10カ国の観光地を挙げて、1杯のコーヒーやビール、日焼け止め、夕食のフルコースなど8品目について比較。合計の費用で日本（東京）は48・21ポンド（約7000円）でブルガリア（サニービーチ、30・60ポンド）、トルコ（マルマリス、44・15ポンド）に次いで3番目に安い結果となっていた。

記事では日本についてこう続けている。

「リスト（10カ国）のうち、長距離の行き先では最も安い目的地です」

インドネシア（バリ、61・43ポンド）やベトナム（ホイアン、59・49ポンド）よりも安いことに驚いたが、いずれも欧米客が多い観光地のため、観光客向けにそれなりの高さに設定されている可能性が高い。つまり東京はそうなっていないのだ。

こうした現実もまた、受け止めるべきである。

2 ホテルに見る「二重価格」

インバウンド（訪日外国人）バブルによって、海外からの富裕層を相手にしたホテルや食事が高級路線をひた走ると、国内での「二重価格」が珍しくなくなる。

二重価格とは、同じ日本の中での「安いニッポン」と「高いニッポン」の混在である。

ニセコの3000円のラーメンもこの一例だ。

世界の成長に付いていけないニッポンの姿を追った。


2019年9月。

東京・虎ノ門の老舗ホテル「ザ・オークラ東京」が4年間の建て替えを経て新規開業した。

新ブランド「ヘリテージ」のロビーは落ち着いた木目調で、生け花など「和」をあしらっている。新型コロナウイルスの感染拡大前は、欧米の旅行客や日本人の年配客が目立っていた。

開業当初、1泊の平均価格は約7万円で、旧来の約3倍だ。

それでもホテルオークラの幹部は「東京と匹敵する世界の都市に比べると決して高くない」と強調していた。全室に執事がおりミストサウナもあるなど、他人と顔を合わせにくい部屋設計にして「プライバシーを重んじる日本や欧米の富裕層がターゲット」(幹部)だからだ。実際、開業直後に出張で1泊したマレーシア人男性のジョーヴィさん(30)は「夜景や丁寧な接客が良かった。約8万円だったが安いくらいだ」と笑う。

安いニッポンには、高級ホテルが少なすぎるという問題があった。

米フォーブス誌の2019年版の格付けによると、ニューヨークの五つ星ホテルは10軒、ロンドンは12軒だが、東京は4軒にとどまっていた。

オーストラリアのデータ関連企業、2シンクナウは2019年に東京を「世界2位の革新的都市」に選んだ。世界が認める観光立国のグローバル都市にもかかわらず、ホテルは「国際水準」からほど遠かったのだ。

図表4-1　東京はホテルの平均客室単価も安い

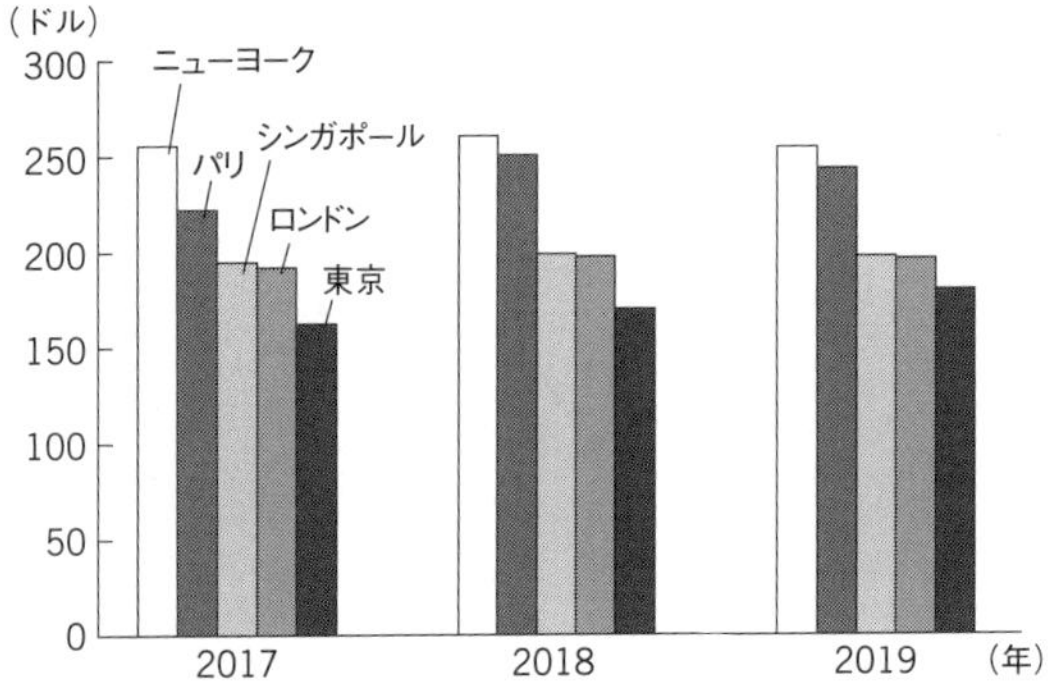

（出所）STR 2021

ホテル業界に詳しい英調査会社、ＳＴＲの２０２１年のデータによると、２０１９年の東京のホテルの平均客室単価は１７９・84ドルでニューヨーク（２５４・08ドル）より３割安い。ロンドン（１９６・05ドル）やシンガポール（１９７・28ドル）、パリ（２４２・93ドル）などと比べても大幅に安い。

「世界レベルのホテルが不足している」

２０１９年末、当時官房長官だった菅義偉首相は財政投融資を活用し、世界の一流ホテルを日本に50カ所設けるように発破をかけた。「安いホテルには泊まりたくない」という海外客も増えていたため、世界のラグジュアリー（高級）ブランドはこぞって東京に照準を定めた。

だが都内に既にある同じ五つ星ホテルでも、海外との価格差は大きい。

例えば新型コロナ感染拡大前の２０１９年12月。１泊大人２人でロンドンの五つ星ホテルを予約する場合、キングベッド１つの50平方メートルの部屋で約17万円だった。

だが、東京だと同じ条件でも約７万円。

東京に匹敵する海外都市に比べると、高級ホテルでも高くないのだ。

インバウンド向けは高く、日本人向けは安い

しかし、ザ・オークラ東京に外国人の友人を迎えに来ていた日本人の会社員男性（40）は「出張や家族での国内旅行だと、１泊１万円が限度。７万円は高嶺の花だ」と話す。

全国にホテルを運営する不動産大手も「高級ホテルは外国人向け。日本人はターゲットに入っていない」と語る。

実際に、ザ・オークラ東京から歩いて約15分の「アパホテル新橋虎ノ門」。

日本人のビジネスパーソンが多く利用する同ホテルの２０２０年３月下旬の予約価格は、11平方メートルの部屋が１泊５６４０円でオークラより９割以上安かった。２人で泊まると１人約

３２５０円の時期もある。

日本はインバウンド向けの高級価格と日本人向けの低価格で、大きな差が開いている――。

これこそが東京のホテルが映す「二重価格」だった。

また、急な供給増は「値崩れ」というほころびも生む。

既に日本のもう一つのグローバル都市、京都ではその兆候が表れ始めていた。

「京都が安い」

2年ごろ前からよく聞くようになった言葉だ。

何が安いかというと、ホテルの価格。京都を題材にした写真家として活動する知人から、

「２０００円のビジネスホテルもあるようだよ」と聞いた。

にわかに信じがたいが、本当なのか。実際にどれだけ安いのか。

２０２０年10月に、京都に向かった。

まず予約段階で驚いたのは、新幹線とホテルがついたパックツアーの料金だ。往復の新幹線とホテル2泊のセットで、2万4400円。

なんと正規の新幹線料金（往復で2万6640円）を割り込んでいる。ホテルも相部屋のゲストハウスなどではなく、ダブルベッド、シャワー、トイレ付きのごく普通のビジネスホテルだ。この時は政府による需要喚起策「Go To トラベル　キャンペーン」もあり、最終的には1万5860円で行くことができた。

京都市内も人がまばらになっていた

京都の中心部、四条駅から徒歩7分。

古民家が並ぶ路地を入ったところに、黒を基調とした町家を思わせるようなホテルがあった。「ホテルビスタプレミオ京都　和邸（なごみてい）」だ。

坪庭が見えるロビーは照明が落ち着いたモダンな雰囲気で、歩き回って疲れた足に優しく、

きれいでゆったりしたホテルだが新型コロナウイルスの感染拡大前から安くなっていた

座ってチェックインができる。

Ｇｏ Ｔｏトラベルで東京発着が対象になった最初の週末だったため、混雑しているかと思っていたが、客は見当たらずとても静かだ。

「『Ｇｏ Ｔｏ』はお得感がある高級ホテルに恩恵がある。中価格帯のホテルは期待ほど予約がない」。溝口一憲支配人はため息をつく。

新型コロナウイルスの感染拡大で、同ホテルの1～8月の平均稼働率は40％程度。10月になってもさほど変化はないという。平均客室単価は７２００円で、２０１８年のオープン時（１万４０００円）の約半額にまで下がってしまった。

だが、値崩れの理由は新型コロナウイルスだけではない。2019年時点で既に、1万2500円に落ち込んでいたのだ。

その理由は、京都市内のホテルの供給増だ。

京都市によると、訪日外国人（インバウンド）が京都で増え始め、2014～17年の主要ホテルの年間平均稼働率は9割以上で推移していた。「宿泊希望者にとって宿泊施設の予約が非常に困難になっていた」（京都市産業観光局）。旅行客へのアンケートでも「泊まりたくても泊まれなかった」という回答が1割を超えていたという。

そこで市は良質な宿泊施設を拡充しようと、2017年に「京都市宿泊施設拡充・誘致方針」を打ち出し、ホテルの開業サポートや立地の規制緩和などにも乗り出した。

そして2015年3月末には2万9189室だった市内の宿泊客室数は、20年3月末には5万3471室に増えた。実に1・8倍だ。

この急な供給増がもたらしたのが、価格競争による値崩れだった。

まさに開業ラッシュの波に乗って2018年8月にオープンした和邸も、当時は1万4000円だったが翌年には1500円引き下げた。

繁華街にある系列の「ホテルビスタプレミオ京都　河原町通」も、2017年まではインバウンドの増加に伴って年1500円ずつ上がってきていたが、17年の1万4500円をピークに高止まりし、18年は1万4000円、19年は1万2500円と下がっている。

「単価を下げてでも稼働率を維持したい」というホテルの方針もあるが、「2018年ごろから、年間を通して常に市内のどこかのホテルで開業キャンペーンをやっている状態が続いていた。そこと戦うには値下げしかなかった」（溝口支配人）

と、消耗戦状態になっていたのだ。

溝口支配人によると、近隣で同じ価格帯のホテルは2019年の1年間に約30ホテルの計5千室が増え、20年にも25ホテルで計4500室が新しくできる見込みだという。

特に京都駅前に大型ホテルが複数できたことで、中心部のホテルまで人が流れてこなくなった。

「駅前のホテルは初めて来る人は使いやすく、旅行会社も勧めやすい。駅前ホテルの稼働率は10ポイント高く、中心部のホテルは価格競争で単価は1000円安い。それでも駅前ホテルは大型なので埋めるために常に低価格で設定してくる」

悪循環だ。

供給過多で値崩れする京都

そこに新型コロナウイルスが追い打ちをかけた。

ある京都市内のホテル関係者は2020年9月、近隣ホテルがシャワーブースとトイレ付きの19平方メートルの部屋を「2人で2520円」という衝撃的な安値で売り出しているのを発見した。

自分のホテルは5200円、他ホテルもせいぜい4500円程度で踏ん張っていた時だった。

「1人あたり1260円。ついにここまで来たか、とさすがに言葉が出なかった」

近くでは2月に開業したホテルも4月に休業したまま、ひっそりと閉館した。

「コロナ前は値下げしていても稼働率は確保できていた。まだマシだった」

あるビジネスホテルチェーンの2020年上半期の収益は、19年同期の3割程度にとどまり大赤字となっている。

京都市観光協会は「安いホテルだけではなく外資系の高級ブランドも増えている。価格競争は、ホテルの増加そのものではなく、価格帯などが似たような施設が同時期にできたことが理由だ」と語る。

「アメニティー（石けんや歯ブラシなど）や食事を充実させたり、ツアーを組んだりと、立地以外の差別化が重要になる」

行政としても「新規参入を規制するより、良い事業者が選ばれるようなガイドライン作りが解決策になり得る」という。

実際に地域と交流したり、衛生面で優れたりしているホテルを市が表彰する制度を作った。

「安い街というイメージは作りたくない。だが高級ホテルもあれば安いホテルもあるなど選択肢を増やすことは消費者にとっても良いことだ。安いホテルに泊まっても食事や買い物にはお金を使うなど、二極化ではなく融合した消費を提案してトータルでお金を落としてもらいたい」

だが、2520円にまで下がったビジネスホテルの値崩れが引き起こすのは、ゲストハウスや民宿の廃業だろう。同業者は「大型ホテルの開業は続くが、ゲストハウスなどの部屋は減少に転じている」とみる。主要都市のホテルに積極的に投資していた投資法人も、このほど京都市内のホテルを売却した。2020年9月の平均客室単価は9213円で、16年同月より20%も下がったためだ。

付加価値を高めて軌道修正しなければ、インバウンド向けの高級路線をよそに、内向きのニッポンの価格はさらに安くなっていく。

3 「高いニッポン?」携帯料金への値下げ圧力

お正月気分も抜けきらない2021年1月13日。

KDDIが携帯通信料金の値下げを発表した。データ容量が20ギガ(ギガは10億)バイトの安価な新料金や、高速通信規格「5G」のデータ無制限プランを2割程度値下げするといった内容だ。

業界最大手のNTTドコモとソフトバンクも、2020年12月に同様の値下げ策を発表している。このKDDIの発表で、大手3社の値下げ策が出そろった。

3社はこの数年間、強い値下げ圧力にさらされていた。

そもそもの発端は2015年。

安倍晋三前首相が経済財政諮問会議で「携帯料金などの家計負担の軽減は大きな課題だ」と取り上げた。スマートフォンが普及したことで、消費支出における携帯料金の占める割合が高まっていた。

「携帯電話はあと4割下げる余地がある」

菅義偉首相も官房長官時代、特に2018年ごろから、携帯料金の値下げ要請を度々口にしてきた。

さらに総務省が2020年6月に公表した調査では、同年3月時点の20ギガバイトの料金は、パリやロンドンなど主要6都市で東京（ドコモ、8175円）が最も高かった。さなが

図表4-2　東京は20GBの携帯料金が高いとされていたが…

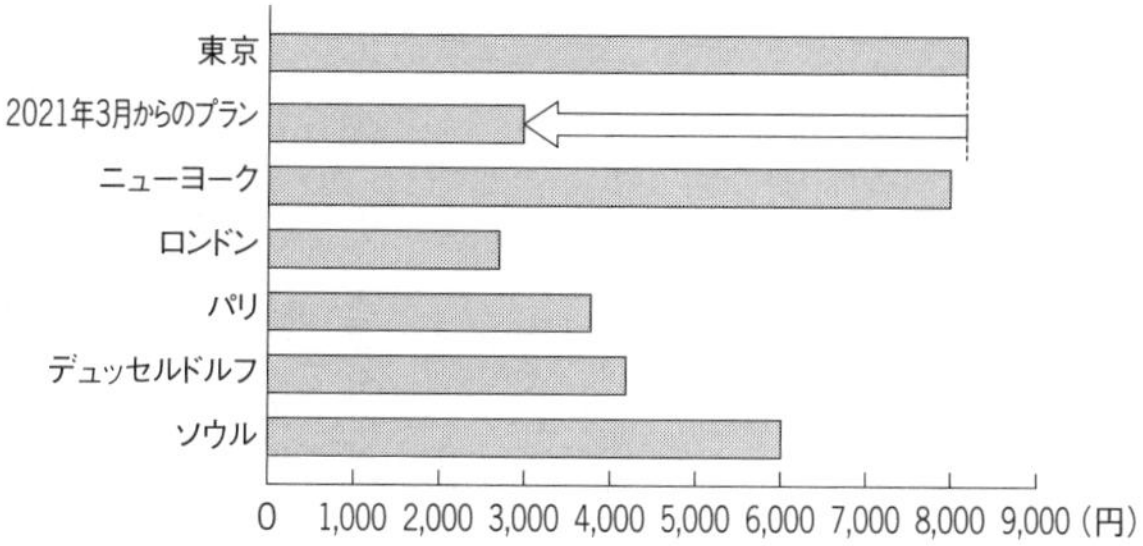

（出所）総務省
（注）各都市はシェア首位事業者の「音声月65分、メール月108通、データ月20GB」に相当するプランで比較。税込み価格。2021年3月からのプランは1回5分以内の電話かけ放題込みで、税抜き

ら安いニッポンの中の「高いニッポン」と扱われた。

そして２０２０年９月に菅政権が発足してからは、携帯各社との攻防の激しさは一段と増した。

「年末までには答えを出さなければ」

「あの会社が最初に値下げを発表しそうだ」

取材合戦もヒートアップし、連日連夜、企業当事者や識者などの間で様々な噂が駆け巡った。

まず同年10月にＫＤＤＩとソフトバンクがそれぞれの格安ブランド「ＵＱモバイル」「ワイモバイル」で安価な新料金を打ち出すが、乗り換えには手数料がかかることもあり「意味がない」（武田良太総務相）と批判。その結果、年末年始を挟

んでの各社の主力ブランドでの値下げ公表になったのだった。

「携帯料金は公定価格ではない」

2020年秋以降、携帯各社の関係者は恨めしげにそう口をそろえた。だが実際に大手3社の値下げ策が出そろうと、消費者から「やれば（値下げを）できるじゃないか」という声が相次ぐ。幹部たちは「民間なのだから市場競争による値下げが最も健全だ」と言うが、それが消費者からすると「できていなかった」ということだ。

そもそも携帯電話料金については端末購入と抱き合わせの複雑な割引や、「家族割引」や期間限定割引などを組み合わせた分かりにくい価格表示方法などの慣行もあり、消費者は携帯会社への不信感があった。

価格が動かず業界特有の悪慣行も続いていた背景には、長年続いた3社寡占がある。

慶応義塾大学大学院の茂垣昌宏研究員は「ソフトバンクの新規参入時は大胆な施策などで業界が大きく動いたが、近年は料金が同水準になる暗黙の慣行が続いてきた」と指摘する。

2013年にソフトバンクがシェア4位のイー・アクセスを買収してから7年間、ドコモ・

KDDI・ソフトバンクの3社寡占となった。一般的に、3社寡占だと全社のシェアが20%を超えてしまい競争が働きづらくなるという。

そのため4社体制が続いていたアメリカでは、TモバイルUSとスプリントの統合を6年も渋った。フランスでも2012年に大手が新ブランドで参入して4社体制になり価格競争を仕掛けている。

日本は長らく寡占が続いたことで、消費者の負担は高まっていた。

日本経済新聞とインサイトテックが2020年11月に消費者約1万人を対象に実施したアンケートでは、7割が現行の料金プランを「高い」と回答。どのくらい安くなれば値下げだと感じるかについては「3割」が34%、「4割」が14%、「半額以上」が29%となり、ここにも消費者の低価格志向がにじむ結果となっている。

それは、所得が増えないから負担が重くなっていると言い換えることもできるだろう。携帯業界に詳しいMM総研の横田英明専務は「インフレが続く諸外国とは違い、日本はデフレ傾向が続いている中でIT化が進んでデータ容量が増えてきたので、家計負担が重くなるのは当然」と話す。

総務省の家計調査を見てみると、2019年の2人以上の世帯消費に占める携帯料金の割合は約4％だった。

日本のスマホ保有は1人1台がほとんど当たり前になり、写真投稿アプリや動画配信などで使うデータ量も増えた。日本の可処分所得が大きく上がらないなかで、結果的に家計の負担が重くなっているのだ。

消費者には、格安スマホと呼ばれる仮想移動体通信事業者（MVNO）という選択肢もある。しかしアンケートでもドコモ、au、ソフトバンクの大手3ブランドを使っている人は7千人を占め、そのうち75％は「当面格安スマホに乗り換える予定はない」とした。MVNOへの乗り換えには腰が重い実態がある。

ある男性会社員（42）も「高いなと思っていながら何となくドコモを使い続けている。面倒な手続きをする時間もないし……」と話す。こういった消費者も多いのではないだろうか。

携帯各社は手数料や手続きの消費者負担を軽減して乗り換えのハードルを低くするととも

に、消費者もまた、積極的に自分に合った料金プランを探してもいいだろう。

携帯大手3社や楽天モバイルの大幅値下げは、業界に重い課題も残した。

MVNOの「格安」という価格優位性が奪われ、生き残りをかけた消耗戦に突入した。つまり、「第4極（楽天）やMVNOによって市場競争が生まれ、そして大手のサービス向上や値下げにつなげる」という従来のシナリオが崩れかねない。

「イギリスは料金が安くても、地下鉄に乗ると電波はつながらない」（ロンドン在住の日本企業駐在員）など、日本の通話品質は世界でもピカイチだ。その品質に合った適正価値という面での議論も必要だろう。

特に5Gを巡っては、2020年春に商用サービスが始まったばかりにもかかわらず、大手3社が最大2割の値下げに踏み切った。だが各社ともこれから基地局整備などで数兆円規模の設備投資がかさむ。値下げにより設備投資にブレーキがかかり、通信インフラが後退することは避けねばならない。

中央大学の実積寿也教授は「市場での競争でなければ値下げは継続性がない」と話す。

一方で公共財とも言える電波を使って企業活動をしているため、寡占による競争停滞が続く場合は政府の介入が避けられない面もある。気まぐれな介入は問題だが、市場構造として参入が自由な競争が成り立たない以上は介入も宿命的なところがある。

5G時代に入り、これからも人々が使うデータ通信量は増えていく。国や企業は所得を高める努力をしつつ、携帯大手は品質も含めて納得できるようなサービスを生み出していくことが不可欠かもしれない。

価格を競うだけではなく、通信産業のあり方を抜本的に考えるべき時期に来ている。

4 水産会社の憂鬱

BNPパリバ証券の河野龍太郎チーフエコノミストは「安いニッポンが続くと、庶民の味方だった刺し身に、手が届かなくなる日が来るかもしれない」と危惧する。

それは本当なのだろうか。

水産庁の年次報告「水産白書」によると、「買い負け」という言葉が話題になったのは、2003年ごろのことだ。

この頃から欧米やアジアで健康志向が高まり、和食ブームで高級食材としての魚の需要が急増。その結果、水産物が高値で取引されるようになり、同水準の価格を出せない日本の業者が買い付け競争に敗れて思うように魚を調達できないようになっていた。

2006～07年ごろからマスメディアでも取り上げられ、国際相場に日本がついていけない状況は、今日に至るまで変わっていない。

水産大手マルハニチロによると、2017年の水産物の価格は2003年に比べて6割ほど高くなった。ひとえに世界的な需要が高まったためだ。

水産庁の調べでは、2018年に世界でとれた水産物は、天然が約9800万トン、養殖は約1億1150万トンで、合計して約2億トンほど。そのうち食用は1・5億トン。地球人口が76億人で、1人当たりの消費は20キログラムを超えたため、単純計算すると全人口の消費量は1・5億トンで、供給量とほぼ相殺される計算だ。

世界の1人当たり消費量は過去半世紀で2倍に増えた。先進国の和食ブームだけでなく、

図表4-3　新興国で魚介類消費量が増える中、日本は大きく減っている

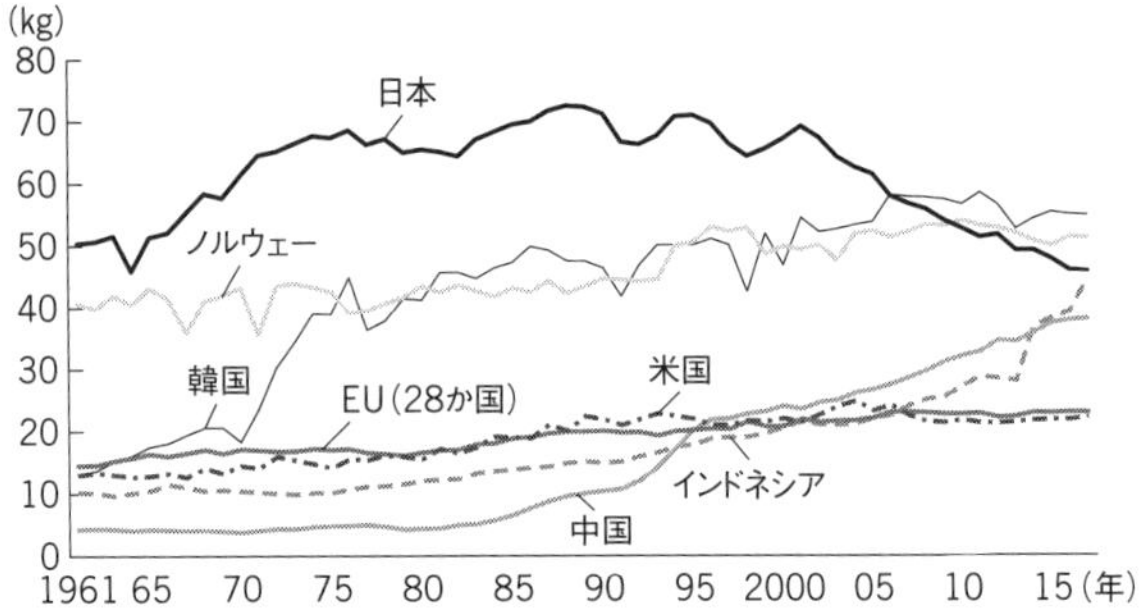

（出所）水産庁
（注）1人1年当たり食用魚介類消費量の推移。粗食料ベース

魚は高たんぱく質のため消費が推奨され、中間層の所得が増えた新興国で需要が高まっているのだ。「生活水準の向上に伴い、中国では約9倍、インドネシアでは約4倍になった」（水産庁）

その一方で日本は減り続けている。

「こんなに高いのに、こんなに買われているとは……」

マルハニチロの幹部は以前、中国・四川省成都の量販店を視察したときに目を疑った。

内陸にもかかわらず広々とした魚売り場に、高級な白身魚の「メロ」がたくさん陳列されていたのだ。

メロは日本では「銀ムツ」と呼ばれていたこと

があり、脂が乗っていて味噌煮や煮付け、洋食にも合う。近年アメリカや中国で人気に火が付き、1990年代は1キロ3ドル前後だった国際相場が、2019年ごろは35ドル前後に上昇している高級魚だ。

それが中国内陸部のスーパーに並び、多くの人が手にしてレジへと向かっていく。

中国中間層の成長を印象づけた出来事だった。

世界の消費量が急増、買い負ける日本

中国だけではない。

マルハニチロの池見賢社長はタイに駐在していたとき、バンコクに出店している日本食チェーン店に行って驚いた。

日本では約900円のホッケの定食が、3倍の価格だった。

にもかかわらず、タイ人の間で1番人気のメニューだったのだ。

タイの成長スピードを間近で感じたという。

新興国での需要高騰は、買い付け価格にも影響を及ぼす。池見社長は「海外の消費者は高い値段を払ってでも食べようとするが、日本は安いモノしか求めていない。魚離れで消費者に買ってもらえないことで、国際相場で買い付けられなくなっている」と説明する。

例えばサーモン、ロブスター、タコは高騰の一途をたどっている。回転ずしのネタでは9年連続首位という不動の人気を誇るサーモン。ノルウェー産サーモンの輸入価格は2010年ごろまで1キログラムあたり700円台で推移していたが、19年は1037円と高い水準となった。

昔は生サーモンを食べてこなかったアジアの胃袋を、がっちりと捉えたからだ。例えば各国では若者向けに次々とメニューが登場している。エビの代わりにサーモンをパクチーと包んだ生春巻き（ベトナム）、ナンプラーとあえたスパイシーなサラダ「ヤムサーモン」（タイ）。マレーシアでは日本の正月にあたる「春節」のおせち料理の、真ん中にサーモンの盛り合わせが陣取っている。

中国では前菜にサーモンが出てくるほか、すし店もピンク一色だ。

「コクのある脂が大好きで、サーモンだけ食べて帰る時もある」（上海に住む30歳女性の梢さん）

こういった新興国が猛烈な勢いで買い付け、国際相場が高騰してきた。マルハニチロで水産部門を統括する粟山治専務は「アトランティックサーモンを焼いて食べる洋食もアメリカなどで人気が出始めた。もっと世界的に普及すると、日本に入って来なくなってくる可能性が高い」と危機感を抱く。

タコも同様だ。もともと南ヨーロッパで食べられていたが、ヨーロッパ全域やアメリカに広がった。２０００年は1キログラムの輸入価格が３３５円だったが、18年からは１０００円を超えた。ヨーロッパでの相場は14年からの6年間で5割も増えている。

価格高騰や需要減を受け、日本は２０００年ごろに11万トンを輸入していたが、18年以降は3万トン台に減った。

「これで中国でも人気になればどうなるか……」

栗山専務の不安は尽きない。

買い負けによる供給減を減らそうと、同社が力を入れるのが完全養殖だ。通常のマグロの養殖は、天然マグロの子どもから大きくするが、完全養殖は卵からふ化させるため天然資源に依存しない。一方で餌をやる時期も1年長くかかるため、人件費と餌代といったコストがかかる。欧州はサステナブルな経営戦略に付加価値がつき、高く売れる。だが「日本では『すばらしい』と言われるけれど、全然売れないことが多い」（池見社長）。「日本市場にも環境意識を取り入れ、付加価値に対価を払ってもらえるようにすべきだ」

新型コロナウイルス感染拡大の影響は水産物にも影を落とす。近年は日本の飲食店でもインバウンド向けの宴会で、水産物がよく使われていた。だがインバウンドの需要喪失とともに、余った高級魚が「今まででは考えられない安値で」（量販店大手）大量にスーパーで売られ始めたのだ。

同様の構図はアメリカでも同じだという。

冒頭で述べた高級魚のメロは、アメリカのレストランだと60～70ドルほどだが、飲食店の営業禁止により、35ドルだった国際相場は17ドルほどになった。

魚の値下がりは全世界共通だが、受け止め方には違いがあるようだ。

「それでも日本人は17ドルも出せない。せいぜい12～13ドルだろう」（栗山専務）

5 「安い」ことによる弊害

ここまで、実に様々なモノやサービスの「安さ」とその問題点を紹介してきた。それでも「賃金が安くても、物価が安ければ生活できる。それの何が悪いのだ」と思う人もいるだろう。

確かに物価見合いで所得が高ければ、満足な暮らしができる。必ずしも「安いこと」が「貧しい」につながるわけではない。「安さ」と「貧乏」はイコールとは限らないのだ。

だが、コロンビア大学の伊藤隆敏教授は「日本の安さはいずれ大きな問題として日本に返ってくることになる」と警鐘を鳴らす。

伊藤教授の理由はこうだ。

1．例えば個人の問題

海外高級ブランドのバッグや名産のワインや絵画など、国際的に一物一価が成り立っているような高級品は、日本人には高嶺の花になって買えなくなる。

滞在費や旅費が高いため、海外旅行も頻繁には行けなくなってしまう。

つまり欧米やアジアの人たちは日本に来て長期滞在や買い物を楽しめるが、自分たちは余裕を持って彼らの国には行けなくなる。

2．人材の流出も懸念される

海外企業に比べて日本企業で高い賃金のポジションが無くなると、英語ができて能力の高い日本人は、より高い所得を求めて海外企業に流出するだろう。優秀な人材を求めて海外に拠点を移す日本企業も出てくるかもしれない。

3．人材が育たなくなる

日本の若者が成長したくても、海外大学の授業料を払えないため、留学しなくなる。英語ができずに能力が低い人は、外国人に安い給料で雇われる職種にしか就けなくなる。

4．その結果、将来国際的に活躍できる人材はどんどん少数になっていく

すると日本人は、グローバル企業や国際機関のトップポジションを獲れなくなる。日本企業もトップは外国人、日本人は一般労働者となり、所得が海外に流出して、さらに日本が貧しくなる可能性もある。日本企業が日本として海外に援助する余力がなくなり、国としても防衛のための自衛隊の装備が貧弱になる。

こういった要素は、日本の成長力を根本的にそいでしまうだろう。

6 コロナ後に日本の「安さ」は変わるのか

新型コロナウイルスの感染拡大による景気の冷え込みは、感染防止で外食や旅行などの経済活動を自粛したという需要の抑制面と、サプライチェーン（供給網）の分断による供給面の下落という両面がある。

どちらかというと需要の落ち込みの方が大きく、物価は下落傾向だ（もちろんテレワークの普及や巣ごもりで、パソコンやタブレット、ゲーム機器関連、出前などの需要は増えて価格も上がっているものもある）。

しかし、この「需要減による物価下落」は欧米やアジアの新興国でも同様のことが起きているため、「相対的には『日本の安さ』は変わらない」（コロンビア大学の伊藤教授）。

こうした見方もある。

第一生命経済研究所の永濱エコノミストは「コロナ後は、サービスの物価下落と、財の物価上昇という二極化が進むかもしれない」とみる。

財つまりモノについては、サプライチェーンの分断を防ごうと、生産を国内回帰する動きもあるためだ。そういったモノは一部で価格が上がっている。

「それでも『安すぎるニッポン』が『少し安さが軽減したニッポン』になるくらいだ」（永濱エコノミスト）。日本は海外に比べて物価下落圧力が強いからだという。

海外はインフレが続いており、モノの値段が上がりやすいということは、金の価値が下がりやすい。日本は物価が上がりにくいため、カネの価値が下がりにくい。すると通貨の交換比率や為替レートでは円高になりやすく、円高は生産拠点の空洞化にもつながる。

まさに負のスパイラルだ。

7　国、企業、個人はどうすべきか

2021年2月、米動画配信大手のネットフリックスは日本で最大13％を値上げした。競合する国内勢の多くは価格を据え置くが、同社の主力プランは月額1320円から1490円と、アメリカと同水準になった。

世界加入者が2億人を超えてオリジナルコンテンツの制作を強化するネットフリックスは、定期的に世界中で値上げを続けている。2020年もアメリカやカナダで、21年1月にはイギリスで月100～300円の値上げを表明。このように国境を越えるデジタル関連サービスを筆頭に、グローバルスタンダード（世界標準）の価格メカニズムが、日本の安さに構うことなくついに国内にも入り始めた。

そんな値上げは私たちそれぞれに、判断を迫る。

値上げされても払うことができるのか、払えないのか——。

長期のデフレ均衡という「ぬるま湯」は、日本にいる分にはある意味で心地が良かったが、世界は待ってくれない。購買力が衰えてグローバルな価格についていけない日本人は海外旅行も難しくなる、という将来の断面が少しずつ見え始めている。

安いニッポンから脱却するための提言はさまざまだ。

例えばマクロ経済で見ると、世の中に出回るお金の量を増やして人々のインフレ期待を高めるリフレ政策から、解雇規制の緩和まで、多様な提言が世をにぎわせてきた。少なくとも、企業の参入を拒むような規制は撤廃し、競争を活性化することは不可欠だ。企業は、人員配置の見直しなど痛みを伴いつつＤＸ（デジタルトランスフォーメーション）に取り組み、従業員の専門性を高めるような人的投資を増やし、生産性の高い分野に雇用を移動することも重要だろう。

これらはいずれも目新しいわけではなく、既に処方箋は見えている。

突き詰めると結局は、おのおのがそれぞれの現場でもう一歩を踏み出せるのか、ということに行き着く。

例えば終身雇用をやめて、年功序列ではなく成果に応じた給与体系になることを、自分たちは受け入れられるのか。こういった私たち個人にとって身近なテーマから、解雇規制をどう見直すかという政治の決断まで、それぞれが選択を問われているのかもしれない。

「日本の常識」は世界の常識ではない。

そんな認識を突きつける安いニッポンの一つひとつの現場は、ミクロでは合理的でもマクロではそうならない「合成の誤謬」が産んだ縮小均衡という呪縛に閉じこもっていていいのかという疑問を、私たちに投げかけている。

インタビュー

「魚は日本人の口に入りづらくなるかもしれない」

池見賢
マルハニチロ・社長
いけみ・まさる
1957年生。81年京大農卒、大洋漁業（現マルハニチロ）入社。海外業務部部長役などを経て2020年4月から現職。兵庫県出身

先進国と新興国の両方で需要が伸びて水産物の国際相場が高騰し、日本が付いていけない状況が長らく続いている。この買い負けの背景には、為替では埋められない差が生じてきている。日本はデフレで安いモノしか求めなくなり、魚離れもあって消費者に高値では買ってもらえないためだ。新型コロナウイルスで飲食店が休業して卸し先が減ったこともあり、最近ますます日本の魚売り場は安くなっている。

中華料理の前菜にサーモンやロブスターが使われるなど、いま中国では健康志向で水産物ブーム。メロも日本だととても手が出せない高値でスーパーに陳列されていた。タイ・バンコクの日本食店でも、よく売れるのは魚料理だ。このままではどんどん、日本が置いてきぼりになってしまい、庶民の味方だったサンマだって近い将来は日本人の口に入りづらくなるかもしれない。

日本の購買力を上げるには、所得を上げるしかない。同時に、魚離れを食い止めるには、我々が調理しやすい商品を売る工夫も必要だろう。「1匹を処理するのはゴミも出るし大変だ」という消費者心理を払拭するため、骨がゼロの切り身や、下味付きで調理が簡単な商品を提供していきたい。

だが、日本は環境意識が低いため完全養殖などの「付加価値」を認めてもらいにくい土壌があり、値上げにつながりにくい。他にもマルハニチロは冷凍食品を開発・生産しており、共働き世帯の増加などで需要は大きく伸びている。それなのに冷食はスーパーの集客の目玉になりやすく、数年前まで4～5割引で売る手法が常態化していたし、今も「エブリデー・ロー・プライス（毎日が安売り）」といって安売りされている。

新型コロナが感染拡大し始めた2020年4～5月ごろは、巣ごもりで冷凍食品の需要が大きく伸びた。来店制限をするスーパーが多かったために値引きも少なく、単価が上がった。今後、我々の強みである水産物を生かして健康的な冷食を開発したい。消費者に認めてもらう商品を出し、しかるべき価格で販売できるのが理想的だ。

「日本の『安さ』は、いずれ日本に返ってくる」

伊藤隆敏
米コロンビア大学・教授
いとう・たかとし
1950年生まれ。ハーバード大博士。
専門は国際金融。政策研究大学院大特別教授も兼ねる

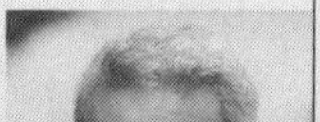

ニューヨーク、ロンドン、パリ、シンガポールなどに比べて、日本はほとんど全てのモノやサービスの価格が安い。ラーメン、レストランの食事、洋服、車、家賃、ホテル、理髪店、ペットボトルの水、電車、バス、大学授業料……全てだ。

「日本の購買力」が落ちた根本原因は、実質賃金が上がらないため、海外の成長している経済に比べて、日本の家計がどんどん貧しくなっていることにある。

なぜ賃金が上がらないか？　それは日本の労働者の生産性が上がらないからだ。

なぜ生産性が上がらないか？　人工知能（ＡＩ）など21世紀に必要とされるスキルを学生や労働者が習得できる環境を、大学も企業も提供していないからだ。

企業は労働者の専門性を高める人の育て方をしておらず、専門性を高めた労働者の給料をより高くすることをしていない。「落ちこぼれも出さないけれども、傑出した人材も出てこない」という状況になっている。将来国際的に活躍できる人材が少数になれば、日本人はグローバル企業や国際機関のトップポジションを獲れなくなる。日本企業もトップは外国人、日本人は一般労働者となり、所得が海外に流出して、さらに日本が貧しくなる。すると日本企業が日本として海外に援助する余力がなくなり、国としても防衛のための自衛隊の装備が貧弱になってしまう。日本の「安さ」は、日本の働き手世代が豊かではなくなってきているということで、いずれ大きな問題として日本に返ってくることになるのだ。

新型コロナウイルス禍でも、相対的な「日本の安さ」は変わらない。

図表4-5　日本企業の能力開発費のGDP比は突出して低い

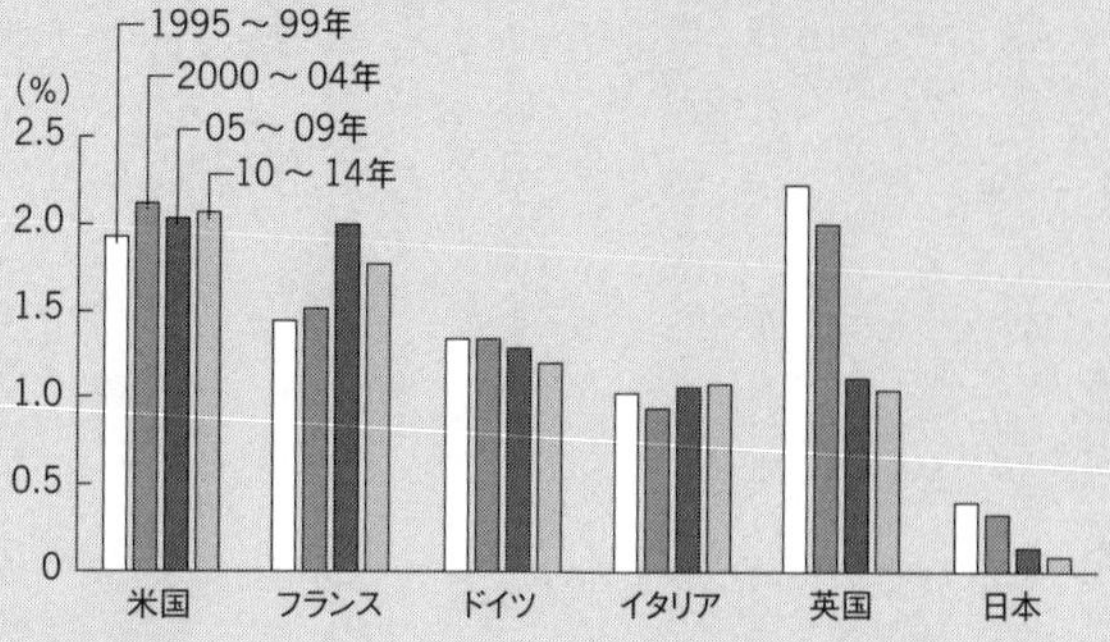

（出所）厚生労働省
（注）企業が従業員の能力開発に支出する費用の、実質GDPに占める割合の5年間平均。OJTは除く

日本が安さから脱却するには、若者や低所得者など消費性向の高い人々の所得を引き上げることが最も重要だ。企業が、生産性の高い若者の所得を引き上げ、そのかわりに終身雇用や年功賃金制度を改める。ジョブ型雇用の拡大もその一手となる。

また、自社製品やサービスの価格設定も、需要動向に応じて柔軟に変更すべきである。質の高いサービスや特別な需要が発生したモノなどについては、価格を引き上げることで、労働者の賃金上昇につながる。そうすると長期的には必要なところへ生産がシフトしていく。消費者も企業の値上げを非難するのではなく、「質が高いモノやサービスにきちんと対価を払うことは当然」と考えなくてはならない。

「支出を減らすのではなく、収入を増やす努力にシフトするべき」

永濱利廣
第一生命経済研究所・首席エコノミスト
ながはま・としひろ
1995年早稲田大学卒業、第一生命保険入社。
総務省消費統計研究会委員などを兼務。2016年より現職

消費者物価をみると、モノよりもサービスの日本の安さが際立つ。サービス産業の価格は人件費と結びつくが、日本は賃金が上がっていないので、価格も安い。普通の経済なら人手を確保するために賃金を上げ、消費が増えて、好循環が生まれる。だが日本は近年「人手不足だ」と困っても、賃金を上げなかった。

今後も日本と海外の価格差はさらに広がるだろう。では日本はどうしたらいいか。

物価が下がるのは需要不足が原因なので、「供給に対していかに需要を増やすか」という

経済政策が必要になる。国は需要喚起のために金融政策と財政政策を行い、供給を刺激するような構造改革が欠かせない。小泉政権は戦後最長だった「いざなみ景気（２００２～08年）」を生んだが、物価は上がらなかった。菅義偉・現政権は、実質金利を引き下げる金融財政政策をもっとやるべきだろう。

政府が国債を発行して効率的にお金を使うことが重要であり、政府がお金を使えば需要が喚起される。例えば将来的に使えるインフラ投資や、お金を使った人が得をするような税制改正、人がより収入を得やすくするためのデジタル技術の無償の職業訓練などが挙げられる。だが日本は財政規律を気にしすぎるので難しい。東日本大震災後も、復興需要やアベノミクスで景気が良くなっていたのに、すぐに消費増税をした。

企業は需要と供給を見て、良いモノは良いモノとして適正価格を設定することが重要だ。マクロで適正な経済政策をして景気回復しないと難しいかもしれないが、今は価格決定のメカニズムが保守的になりすぎている。企業は株主のためにもうけるのであれば、収益を最大化する価格付けが必要なのにもかかわらず、だ。

個人は家計や収入が減ることが当たり前だったので、家計を切り詰めがちだった。家計単独で見ると合理的だが、皆がそうなるとマクロ的には需要がシュリンク（縮小）してしまう。生活水準を下げない節約はしてもいいと思うが、支出を切り詰めるのではなくて、収入を増やす努力にシフトすべきだ。待遇の良い職場に積極的に転職を考えたり、前向きな副業や投資をしたり、家庭で時間に余裕がある人がいれば積極的に働くなどだ。

世界的に経済構造が変化し、物価や金利が上がりにくくなっている。発端は東西冷戦の終結で社会主義の新興国が市場経済に参入して、安い労働力が資本主義経済に入ってきたことだ。デジタル化で物価も上がりにくくなり、国内の格差拡大につながり、富める人に富が集中した。だがお金を持っている人にお金が集中しても、消費にはつながりにくい。物価が上がりにくいため金利も上がりにくく、金融引き締めに動きにくく、株や証券にお金が集中する。労働による所得が増えにくく、投資による所得が増えやすい。経済がグローバル化する前は、働いてさえいれば経済成長の恩恵を受けやすかった。だがいまは経済成長に見合った労働所得は得にくくなっている。投資に伴う財産所得が得やすいため、投資をうまくやっていくことも必要になる。

「労働市場の見直しで安いニッポン脱却を」

八代尚宏
昭和女子大学・副学長

やしろ・なおひろ

米メリーランド大経済学博士。OECD経済統計局主任エコノミスト、日本経済研究センター理事長などを経て2020年から現職。規制改革に関わる政府会議の委員なども務めた

日本の1人当たり国内総生産（GDP）は約30年間、ほとんど成長していない。購買力平価（PPP）ベースで見ると、一時は韓国より低くなった。デフレ基調は回復せず、2013年に第2次安倍政権と日本銀行は2％の物価安定を目指す「インフレターゲット」を採用したが、実現しなかった。それは賃金が足を引っ張ったためだ。

なぜ賃金が上がらなくても生活できているのかというと、ひとつには共働きが増えたからだ。昔は「夫の稼ぎが悪いので妻が働く」と言われていた時代もあった。その後、もちろん女性の高学歴化の下で、社会参画や自己実現といった前向きな理由で共働きが増えた面もある。この結果、男性1人の稼ぎではとても家族を養えない半面で、所得水準の高い正社員同

士の共働き世帯が「パワーカップル」と呼ばれるように、専業主婦世帯との所得格差を広げている。昔は、共働きが世帯間の所得格差を縮小する要因だったのが、最近は逆に拡大させる要因となっている。また、相対的に低賃金の女性比率の高まりで、平均的な賃金増加率が抑制される就業者の構成変化の効果もある。

賃金が安い理由は、他の国が成長するなかで、日本だけ労働生産性が停滞しているためだ。特に生産性が高いとされてきた製造業が、国内工場を閉鎖してアジアなど海外に流出してきた。その結果、生産性の低い農業やサービス部門の比率が高まっている。他方で、製造業でもコスト高の工場を国内に残しておくと、世界的なグローバル・バリューチェーン（GVC）体制に乗り遅れることになる。

賃金を上げていくには、大きく2つの手法がある。

①企業は最初にコストがかかっても情報化への投資で労働生産性を高めるとともに、生産性の高い分野に雇用を流動化させること。これは過去の高い経済成長期には非常に得意だった。だが今は過剰労働力が中小企業に滞留しており、中小企業の過度な保護政策の見直しも必要だろう。企業はICT（情報通信技術）部門に集中すべきだが、そうすると旧

来の雇用を守れないことも出てくる。このため、企業が正当な報酬を払って労働者に納得して辞めてもらう「解雇の金銭解決」のルール整備も重要となる。この解雇の金銭解決は欧州では普及している制度である。

②いまだに企業が参入できない分野の規制を撤廃し、競争を自由化させること。農業、医療、教育、法務などの分野だ。例えば農業は減反政策などの非効率さが回り回って低賃金になっているが、生産性を上げて高い賃金をもらえる仕組みにすれば、新たな労働者も流入する。改革しなければいけないと分かりきっているのに、日本はできない。その間に海外に追い抜かされるという連鎖を断ち切らねばならない。

日本では、「もう経済成長は要らない」という考え方がもてはやされる傾向がある。しかし、より合理的な働き方で時間当たりの生産性を高めることが、新しい雇用機会を増やし、生活を豊かにする基本的な方向である。やたらに転職することが良いわけではないが、年齢にかかわらず、いつでも働きやすくて自分の能力に見合った労働条件の会社に移れるような流動的な労働市場が望ましいのではないか。

「安いニッポンから脱するためには、国は課税の方法を考えることだ」

河野龍太郎
BNPパリバ証券・チーフエコノミスト
こうの・りゅうたろう
1987年横浜国立大学経済学部卒業、住友銀行入行。大和投資顧問、第一生命経済研究所を経て、2000年11月より現職。専門は日本経済論や経済政策論。愛媛県出身

日本の低成長の理由は、①企業がもうかっても人的資本投資や無形資産投資をせずお金をため込んできたこと、②コストカットのために非正規社員を増やしたことだ。

厚生労働省によると、企業が従業員の能力開発に支出する費用のGDPに占める割合は、アメリカやフランスに比べて日本が突出して低い。そのために非正規だけでなく正規社員の生産性も上がらず、賃金も低迷してきた。人的資本が蓄積されなければ、顧客が欲する財やサービスは生み出せない。企業のIT（情報技術）投資も、先進国の中で日本だけが2000年から増えておらず、実質賃金も低迷が続いたままだ。

非正規が増えたことによる問題は生産性低迷だけでなく、消費回復に結びつかないことが

ある。2010年代後半に超人手不足となり、非正規の処遇は改善された。それなのに消費は低迷していた。非正規は所得が少なく消費性向が高いため、賃金が増えれば消費が活性化するはずだったが、そうはならず、2010年代は完全雇用の下でも消費が低迷し、マクロ経済の停滞の大きな要因となった。それゆえ、企業は安さで勝負するしかなくなった。

非正規は景気が悪化すると雇用の調整弁として扱われると分かっているため、賃金が増えても消費せずに貯蓄に回していたのだ。実際に新型コロナウイルス禍で、政府は雇用調整助成金などで正規社員を守ったが、非正規の雇用は明確に悪化した。

このことから、今後は非正規も失業手当の対象にするなど、非正規のセーフティーネットを構築しなければならない。彼らは同じ会社に長期間属さないため、成長分野での就業を可能とするように就業訓練や支援も手厚くすべきだ。こういった手法はスウェーデンなどで「積極的労働市場政策」と呼ばれている。既に雇用の4割を占める非正規のセーフティーネットを拡充しなければ、景気回復が訪れても消費回復は覚束ない。

安いニッポンは質の良いモノを安く供給しているということであり、それは価値に適正な値づけができていないという意味だ。良いモノを安く売ると、「消費者余剰が大きい」ことになり、経済厚生が高いとも言えるが、消費者余剰はＧＤＰにはカウントされない。また、企業の利益が出ないので賃金を上げられず、ＧＤＰが増えなければ税収も上がらず、社会保障サービスの財源も確保できない。バランスが重要だ。

日本が消費増税もさほど行わず、社会保障の効率化も行われていないのに財政危機が避けられているのは、２０００年代以降、厚生年金改革や後期高齢者医療改革などで被用者の社会保険料を引き上げてきたためだ。社会保険料が上がると企業の負担が重くなり、それも企業が非正規に雇用を置き換えてきた理由である。高齢化で膨張する社会保障給付の財源を、増税ではなく現役世代の社会保険料の引き上げでまかなう仕組みを整えてしまったのだ。政治的には最も取りやすいところから徴収したわけだが、日本経済の大きな重石となった。事実上の労働課税であり、消費が低迷するのは当然だ。

安いニッポンから脱するためには、国は課税の方法を考える必要がある。アベノミクスでは消費増税と法人税減税を行ったが、付加価値は資本所得と労働所得の合計であることを考えると、その組み合わせは、労働所得への課税強化を意味し、労働に不利な税制改正を続けてしまったということである。経済格差の時代が訪れていることを考えると資本課税を行う必要があるが、例えば消費増税と社会保険料（労働所得）の引き下げをセットで行えば、それは事実上の資本課税となる。企業にとっては、輸出の際、消費税は社会保険料と異なり、還付の対象となるため、競争力に悪影響を及ぼさない。社会保険料の引き下げは、被用者で所得が高くない人には恩恵が大きい。そもそも、困窮する現役世代がゆとりのある高齢者の社会保障給付を支えることが大きな問題となっていたから、それを是正できる。増大する社会保障給付の負担を、ゆとりのある高齢者からは消費増税を通じてお願いできる。もちろん困窮する高齢者には現金給付などの緩和策も必要だ。高齢者からの反発で政治的にハードルが高いかもしれないが、現状を続けていては社会保障制度の持続性とマクロ経済の持続性が維持できなくなるだろう。

企業はコストカットではなく生産性を高める投資をやる。個人も自らの人的資本を高めるために、ワークライフバランスを考えながら、スキルアップに注力する。高校や大学では就業のための具体的なスキルの取得につながる教育を提供することも必要だろう。

あとがき

「日本の賃金水準がいつの間にか経済協力開発機構（ＯＥＣＤ）の中でも相当下位になっている」

２０２１年1月末、春季労使交渉のキックオフとなる労使トップの会談で、経団連の中西宏明会長はそう語った。日本の平均賃金はＧ７で最下位だ。

この「いつの間にか」という表現に、うなずく読者もいるかもしれない。だが日本が成長を見失った30年の間、ずっと国内の賃金や価格は足踏みしてきた。その結果、日本は人材面での競争力を失った。筆者も含めてバブル期を知らない世代にとって、世界で凋落した日本こそが当たり前にもなりつつある。

企業取材をしていると度々出会うのが、海外拠点で部下が現地の競合他社に引き抜かれても、「うちでは引き抜き先ほど給与を出せないから『おめでとう』と言うしかなかった」と苦笑する経営者や幹部の姿だ。それは原資の大小だけでなく、これまで改革できなかった人事制度の問題でもある。元社員が他社から出戻った際に給与水準を合わせて上げると、ずっと自社にいた社員から不満が出るため「出戻り禁止」にしているという企業も複数あった。

本書の取材を通じて「安いニッポン」を考えることは、「ニッポンの豊かさ」とは何かを考えることでもあった。

国土交通省が2021年1月末にまとめた調査では、東京都の2人以上の勤労世帯の中間層（上位40〜60％）の可処分所得から食費や住居費、通勤時間がなければできた生産活動の機会費用を差し引くと、娯楽などに使える残った金額は47位で全都道府県で最下位だった。

つまり「東京都の中間層世帯は、全国で最も経済的に豊かではない」と言える。「安いニッポン」の首都で暮らしていても、多くの人が豊かではない――。

日本は世界で見ると安いが、日本人にとってはそこまで安くないという現実が、すぐそこまで迫ってきているのかもしれない。

新聞連載の「安いニッポン」は中西豊紀・編集局企業報道部次長（当時、以下同）と小高航部次長に担当デスクとして編集していただいた。海外経験が豊富なお二人には、記事の組み立て方からグローバルな見識まで様々なことでご指導いただいた。新聞連載の第3回を担当された井上孝之記者、花田亮輔記者、橋本剛志記者は、日本で働く外国人の姿やマーサーの賃金比較データなどを基に、かつて新興国の人々が「出稼ぎ先」として憧れた日本の地盤沈下を鋭く示した。ダイソーの取材を共にした佐伯太朗記者は、元証券マンの観点から海外統計を細かく分析した。

編集者の確保などの要因もあり今回単著での書籍化で快諾を得たものの、全員で取材・執筆にあたってチームで作り上げた新聞連載「安いニッポン」がなければ、この書籍も実現しなかった。大隅隆部長には、つたない企画提案を一目見て「これは安いニッポンだ」と的確なカットを付けて下さったことに始まり、連載化から掲載、そして書籍化に際しても多大なご助言と励ましをいただいた。快く取材を受けて下さった方々も含め、お世話になった皆さまに、この場を借りてお礼を申し上げたい。

本書は2019年末の新聞掲載後に、日本経済新聞出版社（現・日経BP日本経済新聞出

版本部）から書籍化の打診を受けて進行がスタートした。だが直後に新型コロナウイルスの感染拡大で世界が変容したため、その影響も加味した内容にすべくこのタイミングでの刊行に至った。第1編集部の長澤香絵さんには、多大なお力添えをいただいた。

新型コロナウイルスの感染拡大後、多くのサービスの需要が喪失し、さらに価格は下落傾向にある。10年後に振り返ると世界の大きな転換点となるかもしれない今、本書が誰かの「気付き」になってもらえればという願いを込めて、結びとしたい。

中藤 玲 なかふじ・れい

1987年生まれ。早稲田大学政治経済学部卒、米ポートランド州立大学留学。2010年、愛媛新聞社入社、編集局社会部（当時）。2013年、日本経済新聞社入社。編集局企業報道部などで、これまで食品、電機、自動車、通信業界やM&A、働き方などを担当。

日経プレミアシリーズ｜453

安《やす》いニッポン 「価《か》格《かく》」が示《しめ》す停《てい》滞《たい》

二〇二一年三月八日 一刷
二〇二一年七月八日 九刷

著者 中藤 玲
発行者 白石 賢
発行 日経BP
日本経済新聞出版本部
発売 日経BPマーケティング
〒一〇五―八三〇八
東京都港区虎ノ門四―三―一二

装幀 ベターデイズ
組版 マーリンクレイン
印刷・製本 凸版印刷株式会社

ISBN 978-4-532-26453-6 Printed in Japan

日経プレミアシリーズ450

新型コロナとワクチン 知らないと不都合な真実

峰 宗太郎・山中浩之

ワイドショーやネットには理解不足や誤解に基づく様々な新型コロナの情報があふれている。「知らないと不都合な」ウイルス、ワクチンの知識に絞り、ウイルス免疫学の専門家と素人の対話を通して、自分の頭で考える手がかりを提供する。新型コロナを冷静に、淡々と迎え撃とう。

日経プレミアシリーズ436

大阪が日本を救う

石川智久

「大阪はたこ焼きだけではない!」。近年、低迷を続ける関西経済の逆襲が始まった。イノベーションが生まれる「にしなかバレー」と「うめきた」、スーパーシティ「夢洲」の可能性、インバウンドで大きく変わった「あいりん地区」……。1970年代の成功体験を追いかけ、変わる大阪の姿に迫る。

日経プレミアシリーズ428

無駄だらけの社会保障

日本経済新聞社 編

社会保障にまつわる国家支出は年々増え、国民の重い負担になっているが、医療や介護の現場を探ると想像を絶するほど多額の〝無駄遣い〟が生じている。日本経済新聞の調査報道チームが、膨大なデータの独自分析によって日本の社会保障が抱える「病」に切り込む。